PROJEKTE IN DER KRIPPE

PLANEN, DURCHFÜHREN UND REFLEKTIEREN

Mit Best-Practice-Beispiel

Irina Dahl

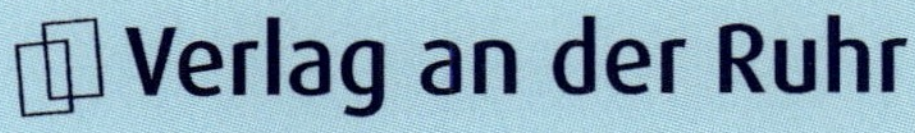

IMPRESSUM

Titel
Projekte in der Krippe planen, durchführen und reflektieren
Mit Best-Practice-Beispiel

Autorin
Irina Dahl

Lektorat
Melanie Rhauderwiek

Umschlagmotive/Fotos im Innenteil *(wenn nicht anders angegeben)*
Irina Dahl

Illustrationen
Shutterstock.com: bunte Flecken © Neliakott, Fußspuren © Sylfida

Druck
AZ Druck und Datentechnik GmbH, Kempten, DE

Verlag an der Ruhr
Mülheim an der Ruhr
www.verlagruhr.de

ISBN 978-3-8346-6032-9

INHALT

INHALT

„Projektarbeit“ – Ne, lieber nicht. Das ist doch unglaublich aufwändig. In der Theorie klingt das ja alles ganz großartig, aber im Alltag umsetzbar? Nicht wirklich! Und WENN, dann nur mit den Älteren, die Kleinen können das noch nicht. Aber so richtig weiß ich eigentlich auch gar nicht, wie Projektarbeit funktioniert. Das habe ich nie gelernt ...

Zur Methode der „Projektarbeit“ gibt es unter pädagogischen Fachkräften viele Unsicherheiten, wie das Zitat oben zeigt. Die Methode findet seit einigen Jahren in Kitas Anwendung, ist aber in der Praxis noch lange nicht flächendeckend verbreitet. Für viele klingt die Durchführung eines sogenannten „Projekts“ bereits nach einem Projekt für sich – einem Projekt voller Fragezeichen.

Dieses Buch soll Einblick in die Projektarbeit mit unter 3-Jährigen geben. Jedes Projekt ist einmalig und verläuft mit jeder Gruppe in einem individuellen Prozess. Das im Folgenden vorgestellte Krippenprojekt „Wir hinterlassen Spuren!“ soll daher keine Bedienungsanleitung sein, die Schritt für Schritt darstellt, wie ein U3-Projekt durchzuführen ist. Vielmehr ist es als anschauliches Beispiel für einen kompletten Projektprozess gedacht. Typische Begrifflichkeiten der Projektarbeit, wie „Prozess“, „Partizipation“ und „roter Faden“, sollen anhand dieses Beispiels mit Leben gefüllt werden. Methoden, Ideen und Hilfen sollen Anregungen zur Umsetzung von Projektarbeit mit den Jüngsten in der Praxis sein. Denn manchmal brauchen wir Erwachsenen eine Brille für die Bedürfnisse der Kinder und ihren Blick auf Materialien und die Welt.

Sie, liebe Leser*innen[1], werden in diesem Buch eingeladen, Maxim, Carlotta, Linda und Anni auf ihrer Spurenforscherreise zu folgen. Um den gesamten Projektprozess nachvollziehbar zu veranschaulichen und zu zeigen, wie Bildungstheorie mit Praxis verknüpft werden kann, ist das Buch in vier Hauptkapitel unterteilt:

1. **Projektarbeit – Bereits ein Projekt für sich?**
   Was genau ist eigentlich Projektarbeit?
   Welche Besonderheiten muss ich bei einem Projekt im U3-Bereich beachten?

2. **Wir starten ein Projekt! – Planung, Vorbereitung, Hintergründe**
   Den Verlauf eines Projekts gestalten

3. **„Wir hinterlassen Spuren!“ – Ein Best-Practice-Beispiel für Projektarbeit im U3-Bereich**
   Die Reise der Spurenforscher*innen zwischen Pinsel, Farbe, Schaum und Spiegel

4. **Spuren, die das Projekt hinterließ**
   Was das Projekt bei den Mitwirkenden und im Umfeld bewirkte

[1] Der Verlag an der Ruhr legt großen Wert auf eine geschlechtergerechte und inklusive Sprache. Daher nutzen wir das Gendersternchen, um sowohl männliche und weibliche als auch nichtbinäre Geschlechtsidentitäten einzuschließen. Alternativ verwenden wir neutrale Formulierungen.

VORWORT

Am Ende des Buches finden Sie gesammelt **Kopiervorlagen und Materialien** zu den unterschiedlichen Projektphasen, auf die ich an den entsprechenden Stellen im Buch verweise. Die Vorlagen finden Sie auch editierbar im Download, sodass Sie diese ganz einfach bearbeiten und an Ihr eigenes Projekt anpassen können. Informationen zum Zugang finden Sie auf S. 113.

Im Projekt „Wir hinterlassen Spuren!" geht es darum, beim kreativen Spurenhinterlassen ganzheitliche Materialerfahrungen zu ermöglichen, die die Kinder gleichzeitig in ihrer Körperwahrnehmung stärken und die bewirken, dass die Kinder sich selbstwirksam erleben. Bei der Auswahl der Materialien war es mir wichtig, mich zunächst auf Alltagsmaterialien zu beschränken. „Künstliche" Materialien, wie beispielsweise Puddingfarbe, die zwar besondere sensorische Reize bietet, aber den Kindern so im Alltag nicht begegnet, habe ich bewusst außen vorgelassen. Für Kinder steht in den ersten drei Lebensjahren zunächst das Erforschen ihrer direkten und natürlichen Lebensumwelt im Mittelpunkt. Auf uns Erwachsene vielleicht banal wirkende Alltagsmaterialien haben für die Kinder einen hohen Aufforderungscharakter und können bereits an sich etwas ganz Besonderes und Neues darstellen.

Da das im Folgenden vorgestellte Krippenprojekt dem Bereich der Kreativität und Ästhetik zuzuordnen ist, soll auch dieser Bildungsschwerpunkt beleuchtet werden. Ein inhaltlicher Exkurs dazu wird Sie auf das Praxisprojekt „Wir hinterlassen Spuren!" einstimmen und Zusammenhänge zwischen Theorie und Methoden in der Praxis deutlich machen. Kreative Prozesse spielen sich nicht nur auf künstlerischer Ebene ab. Kreativität ist eine Fähigkeit, Wege und Methoden zu finden, sich Dinge zu erschließen und Herausforderungen zu lösen. Und so lassen sich viele Parallelen zwischen kreativen Prozessen im künstlerischen Bereich und bei der Projektarbeit als kreativem Prozess ziehen.

Ich hoffe, dieses Buch und die Materialien sind Ihnen eine kleine Hilfestellung und ermutigen und inspirieren Sie zum vielleicht ersten eigenen Schritt in die Projektarbeit – auch und gerade mit Kleinkindern. Denn der spannendste und lehrreichste Weg, sich mit Projektarbeit vertraut zu machen, ist:

Loslegen und ausprobieren!

Bei Ihrem eigenen Abenteuer Projektarbeit wünsche ich Ihnen und „Ihren" Kindern ganz viel Freude!

Irina Dahl
mit Maxim, Carlotta, Linda und Anni

Folgen Sie jetzt unserer Spur durch den gesamten Prozess eines U3-Projekts!

1. PROJEKTARBEIT
BEREITS EIN PROJEKT FÜR SICH?

Dieser erste Teil des Buches soll Ihnen, liebe Leser*innen, zum Einstieg unserer Reise auf den Spuren der Projektarbeit im U3-Bereich erste und grundlegende Fragen beantworten:

- **Was versteht man unter der Methode „Projektarbeit"?**
- **In welcher Weise können die teilnehmenden Krippenkinder von der Methode profitieren?**
- **Auf welche Besonderheiten muss ich bei der Projektdurchführung im U3-Bereich achten?**
- **Was bedeutet Projektarbeit für mein didaktisch-methodisches Vorgehen?**
- **Was ist meine Rolle als pädagogische Fachkraft bei der Projektarbeit mit den Jüngsten?**

Dieser Überblick der praxisorientierten Theorie soll eine Basis schaffen, die Ihnen im ersten Schritt die Merkmale von Projektarbeit anschaulich vermittelt und im zweiten Schritt die Umsetzung in der Praxis erleichtert.

Kommen Sie mit und folgen Sie der Spur durch Phasen, Merkmale und U3-Besonderheiten der Projektarbeit!

Projektarbeit – Was ist das eigentlich?

Die Definition von Projektarbeit ist breit gefächert und kann in Teilbereichen unterschiedlich ausgelegt werden. Da dieses erste Kapitel auf den Schwerpunkt des Buches, die **praktische Umsetzung** eines Projekts, hinführen soll, stelle ich Ihnen eine Art von Projektarbeit vor, nach der auch das im Folgenden vorgestellte Projekt aufgebaut ist. Dieser **Überblick** der praxisorientierten Theorie erhebt keinen Anspruch auf Vollständigkeit. Er soll Ihnen die **Elemente und Grundgedanken von Projektarbeit** anschaulich vermitteln und somit die Umsetzung in der Praxis erleichtern.

INFO

Unter der **Methode „Projektarbeit" im pädagogischen Bereich** versteht man ...

... die gemeinsame, möglichst eigenverantwortliche und selbstständige Auseinandersetzung einer Gruppe mit einem Thema über einen längeren Zeitraum.

Das Thema orientiert sich an den Interessen und Bedürfnissen der Gruppenmitglieder. Es sollte die Neugier der Kinder aufgreifen und so an ihr Selbstbildungspotenzial anknüpfen. Auf vielfältige Art und Weise beschäftigt sich die Gruppe mit dem Projektthema, plant und reflektiert die Durchführung des Vorhabens immer wieder entsprechend dem Entwicklungsstand gemeinsam mit Ihnen als Prozessbegleiter*in – bis hin zur Evaluation und Präsentation. Das Projekt muss nicht zeitlich begrenzt sein, ein Abschluss ist allerdings wichtig. Meist wird es durch die Präsentation der Projektergebnisse abgeschlossen. Der pädagogische Fokus liegt jedoch auf dem Erfahrungsgewinn aller Beteiligten im Projektprozess und nicht auf einem angestrebten Produkt als Projektergebnis.[2]

Foto: Marina Lingenfelder

Ein Projektprozess lässt sich allgemein in fünf Phasen unterteilen und ist ein methodisches Zusammenspiel verschiedenster Elemente, die den Charakter von Projektarbeit ausmachen. Im Folgenden finden Sie eine tabellarische Übersicht dieser Projektphasen in Anlehnung an das Modell von *Reichert-Garschhammer*[3]. Diese Einteilung veranschaulicht den Ablauf einer Projektarbeit und kann als strukturgebender Leitfaden in diesem ansonsten so offen ausgerichteten Prozess dienen. Um Sie möglichst hautnah und praxisorientiert an die Projektarbeit heranzuführen, orientiert sich auch der Aufbau dieses Buches am Phasenablauf von Projekten.

[2] Vgl. Reichert-Garschhammer, E., 2013, S. 19–21; vgl. Ministerium für Bildung, 2014, S. 59–61

[3] Vgl. Reichert-Garschhammer, E., 2013

Phasenablauf von Projekten im U3-Bereich [4]

1. Themenfindung	Beobachtung der Kinder in möglichst vielen verschiedenen Situationen und entwicklungsentsprechend mit ihnen ins Gespräch kommen
2. Themenfestlegung, fachliches Einlesen in das Thema und grobe Planung	Festlegung von: • Projektthema (fachliche Auseinandersetzung mit dem Themengebiet) • Projektgruppe • didaktischer Intention • ersten Projektschritten
3. Umsetzung	• handlungsorientierte und ganzheitliche Bearbeitung des Themas • stetige Planungs-, Durchführungs- und Reflexionsphasen (Projektspirale)
4. Projektabschluss	Präsentation des Projektprozesses/-ergebnisses
5. Evaluation	Reflexion und Auswertung des gesamten Projektprozesses

Elemente der Projektarbeit

Prozessorientiertes Arbeiten

Projekte sind Prozesse – Prozesse, die sich in der Interaktion der Gruppe und durch zufällige oder gezielt gesetzte Impulse entwickeln. Der Rahmen muss dementsprechend flexibel und offen gestaltet sein, Richtungsänderungen ermöglichen und unterstützen, gleichzeitig aber auch eine Struktur zur Orientierung geben. Das bedeutungsvollste Ergebnis eines Projekts ist nicht der gemeinsame Abschluss und die Präsentation am Ende. Wertvoll ist der Erfahrungsgewinn aller Beteiligten, die Stärkung ihrer Basiskompetenzen, ihres Selbstbewusstseins und Selbstwertgefühls. Genau darauf sollte bei der Begleitung eines solchen Projektprozesses immer Ihr pädagogischer Fokus liegen.

Beobachtung und Dokumentation

Beobachtung und Dokumentation geschieht in ständigem Wechselspiel und in allen Projektphasen. Bewusstes Beobachten stellt zunächst die Voraussetzung zur Wahrnehmung potenzieller Projektthemen dar und bleibt stets Grundlage der Interaktion innerhalb der Projektgruppe und weiterer Planungsschritte. Die Dokumentation dieser Beobachtungen und der Projektschritte bildet wiederum eine Basis für gemeinsame Reflexion und Planung. Dabei sollten alle Beteiligten die Möglichkeit haben, mitzuwirken, um die Eindrücke zu verfestigen und unterschiedliche Perspektiven festzuhalten.

[4] Vgl. Reichert-Garschhammer, E., 2013

Unterstützen können Sie dieses Ziel durch Reflexion in metakognitiven Dialogen (nach Pramling). Die Kinder sollen dabei zum Reflektieren und Kommunizieren ihrer Gedanken hinsichtlich des Lernprozesses angeregt werden. Die Fragestellung

„Was haben wir wie und warum gemacht?"

soll ihnen ihr Lernen bewusst machen und ihnen die Möglichkeit geben, Lernen als bedeutsame Kompetenz zu begreifen und ihr Verständnis vom Lernen zu erweitern. Unterschiedliche Ideen und Lösungsvorschläge der Kinder bieten sich dazu als Ausgangspunkt für Reflexionen an.

Natürlich können mit unter 3-Jährigen noch keine ausführlichen gezielten Reflexionsgespräche stattfinden, durch die sie bewusst ihre eigenen Lern- und Problemlösestrategien reflektieren. Direkte Metakognition kann erst ab etwa vier Jahren stattfinden. Bis dahin findet eher die Anbahnung des metakognitiven Denkens statt, indem Kinder ihr Tun auf eine sich erinnernde Weise reflektieren. Aber drehen Sie den Spieß doch um. Anstatt die Kinder zu fragen:

„Wie kommt es, dass wir gestern ... gemacht haben?

Habt ihr dabei etwas erfahren, was ihr vorher noch nicht wusstet?

Wie habt ihr das herausgefunden?

Wie könnten wir noch mehr darüber erfahren?"

... stellen Sie sich selbst als aufmerksame*r Beobachter*in immer wieder diese Fragen im Projektprozess:

„Wie kommt es, dass wir gestern ... gemacht haben?

Haben die Kinder dabei etwas erfahren, was sie vorher nicht wussten (Aha-Erlebnis)?

Wie haben die Kinder etwas Neues herausgefunden?

Wie könnten sie noch mehr darüber in Erfahrung bringen?"

Achten Sie bei Ihren Beobachtungen bewusst auf Schlüsselsituationen und halten Sie diese bestmöglich fotografisch fest, bewahren Sie Gegenstände und dabei entstandene Werke auf. Mithilfe dieser Erinnerungsstücke können sie mit den Kindern auf eine sehr anschauliche und „be-greifliche" Art und Weise ins (Reflexions-) Gespräch kommen und ihnen ihre Lern- und Problemlösestrategien immer wieder in Erinnerung rufen, sodass diese ihnen Stück für Stück bewusst werden können. (mehr zu Dokumentations- und Reflexionsmethoden im U3-Bereich ab S. 25)

Partizipation

Die Kinder sind aktiv an allen Phasen der Projektarbeit – von der Themenfindung, der Planung, über die Durchführung, die Reflexion bis zur Evaluation und Präsentation – entsprechend ihrem Entwicklungsstand beteiligt. Von ihren Impulsen hängt also nicht nur das Thema ab, sondern auch die Gestaltungsweise und der gesamte Verlauf des Projektprozesses (mehr dazu ab S. 16 und in **Kapitel 3**).

Ganzheitlichkeit

Projektarbeit als Methode ermöglicht es, ein Thema ganzheitlich zu erarbeiten und zu erfahren. Das heißt, das Thema wird handlungsorientiert mithilfe möglichst vielfältiger Explorations- und Ausdrucksweisen bearbeitet, sodass die Kinder die Welt mit allen Sinnen in Zusammenhängen erleben können. Bildungsbereiche werden in interdisziplinärem Lernen miteinander verknüpft. Das ermöglicht den Kindern einen umfassenden, vielschichtigen Umgang mit einem Thema und fördert ihre Basiskompetenzen.

Ko-Konstruktion – Jede*r Einzelne gemeinsam

Ko-Konstruktion als pädagogischer Ansatz bedeutet Lernen in sozialer Interaktion durch Zusammenarbeit zwischen der Fachkraft und den Kindern. In der Projektgruppe bilden Sie und die Kinder eine forschende Gemeinschaft, die Beobachtetes und Ausprobiertes interpretiert, Hypothesen und Problemlöseansätze aufstellt und sich darüber austauscht. Es werden gemeinsam Bedeutungen ko-konstruiert.

Zusammenarbeit in der Gruppe bedeutet, dass jede*r Beteiligte wertvolle Ressourcen, Erfahrungswerte und Problemlösungsansätze in den Prozess einbringt. Demnach ist es wichtig, jedem Gruppenmitglied seinen individuellen Freiraum zu geben, um auf eigene Art und Weise explorieren und Kompetenzen einbringen zu können. Aktives Ausprobieren, Selbstorganisation und Eigenverantwortung stehen dabei im Vordergrund.

Einbezug der Lebenswelt

Die Lebenswelt der Kinder fließt ganz natürlich in die Projektarbeit ein und ist in gewisser Weise die Grundlage bzw. der Ursprung des Ganzen. Denn Interessen und Themen der Kinder werden geprägt von ihrer Lebenswelt, ihrem persönlichen Umfeld. Auch können Eltern, externe Fachleute sowie die Gemeinde oder Institutionen aus dem Umfeld aktiv in das Projekt mit einbezogen werden. Es können beispielsweise Expert*innen zu Themen eingeladen werden oder die Kinder organisieren mit ihrem Projekt eine Aktion außerhalb der Kita. Die „Öffnung nach außen", die Kooperation zwischen Kita, Familie, Berufswelt und Gemeindeleben, sollte unterstützt und verstärkt werden, sodass ein bereichernder, wechselseitiger Einsatz vielfältiger Ressourcen stattfinden kann.

Einmaligkeit

Jede Projektarbeit ist einmalig. Selbst die gleiche Grundidee, das gleiche Thema, wird von Gruppe zu Gruppe unterschiedlich bearbeitet. Denn Projekte sind das Ergebnis individueller Gestaltung. Sie entwickeln sich im Prozess mit gruppenspezifischen Ideen, Bedürfnissen, Ressourcen und den allgemeinen situativen Rahmenbedingungen. Es gibt unendlich viele Möglichkeiten, ein Thema zu bearbeiten.

Jedes Element der Projektarbeit könnte man als Nuance innerhalb einer Farbpalette betrachten. Diese Elemente sind in allen Projektprozessen unterschiedlichster Umsetzung enthalten – jede Farbe mal in größerer, mal in kleinerer Menge. Dazu mischen sich in weiteren Farben die Impulse, Bedürfnisse und Ressourcen der Beteiligten unter ihren aktuellen Rahmenbedingungen – die Individualität der Gruppe, des Ortes und des Zeitpunktes. Je nach Zusammensetzung all dieser Elemente in ihren Farben entsteht am Ende ein Projekt in seiner ganz eigenen, individuellen Farbnuance.

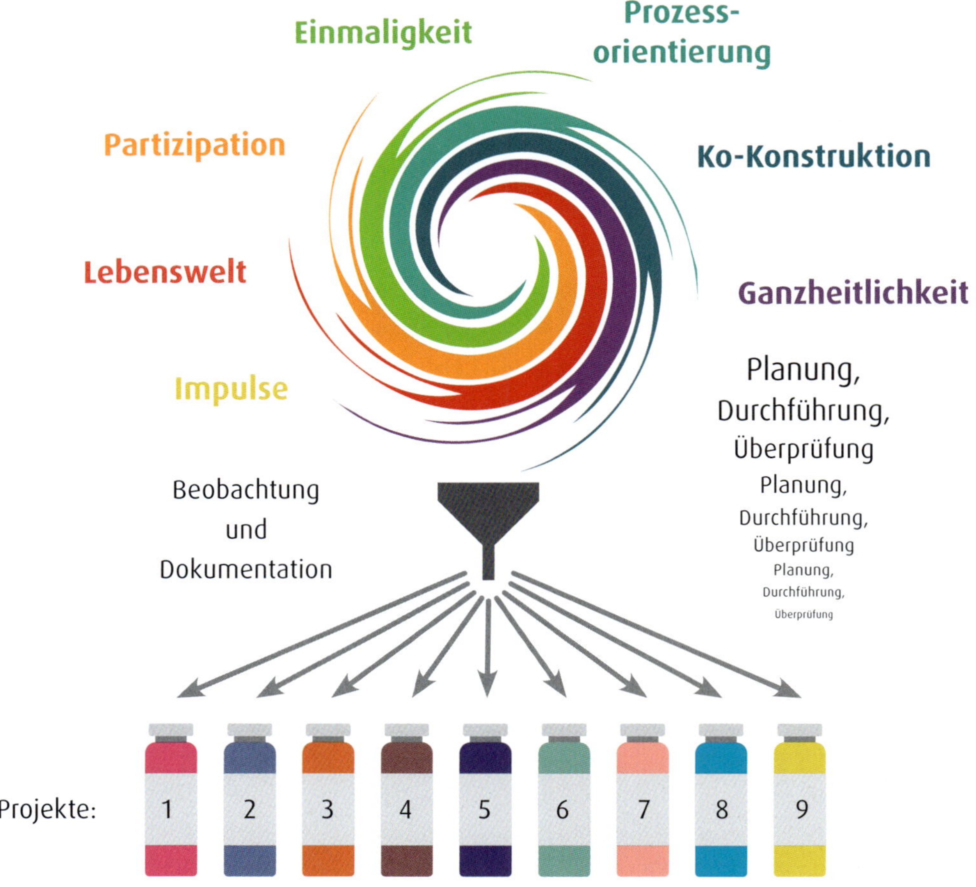

Projektspirale

Lohnt sich das wirklich?

Inwiefern profitieren Kinder und auch Sie selbst als Begleiter*in von Projektarbeit?

Projektarbeit vereint bereits in ihren Basiselementen eine Vielzahl der pädagogischen Prinzipien, wie das Prinzip der Ganzheitlichkeit, der Teilschritte, der Lebensnähe etc.

Kinder sind unglaublich ausdauernde Forscher*innen, gibt man ihnen nur den richtigen Raum dazu. Diesen Raum schafft die offene und flexible, zielgruppenorientierte Methode der Projektarbeit. Ausgehend vom individuellen Entwicklungsstand der Kinder, ihren Interessen, Bedürfnissen und Ressourcen, wird an ihr Selbstbildungspotenzial angeknüpft. Das fördert ihre natürliche Neugier und Freude am Entdecken – man spricht von „intrinsischer Motivation".

Bei aller Rücksicht auf Individualität schafft die Arbeit in der Projektgruppe aber auch wertvolle Gruppenerlebnisse. Die Kinder sammeln gemeinsam Erfahrungen, finden ihren Platz in einer Gruppe, erleben Zusammengehörigkeitsgefühl und sich selbst als wertvollen, gleichberechtigten Teil der Gruppe. Es ist ganzheitliches Lernen durch aktives, gemeinsames Forschen. Alle Basiskompetenzen werden gefördert. Erwachsene und Kinder entdecken gemeinsam und erleben sich als Gruppe in einem Prozess. Für Sie als pädagogische Fachkraft ermöglicht die Projektarbeit einen Einblick in die Gedankenwelt der Kinder und die Art und Weise, wie sie sich Dinge erklären und erarbeiten. Um als Erwachsene*r dieses Gefühl erleben zu können, bedarf es Ihrerseits wertschätzender Offenheit – und zwar viel davon.

Ihre Haltung und Ihr Verhalten als Projektbegleiter*in bestimmen das Potenzial für kreative Prozesse maßgeblich mit. Mit dem Bewusstwerden, dass der pädagogische Fokus auf dem Prozess und nicht auf einem möglichst spektakulär präsentablen Ergebnis liegt, werden Sie als pädagogische Fachkraft von dem Anspruch, den Kindern möglichst viel Fachwissen beibringen zu müssen, befreit. Sie werden den Kindern wichtiges Wissen vermitteln, aber Sie müssen dazu auch Lernende*r sein. Wenn Sie bereit sind, sich vollkommen auf die Erlebenswelt der Kinder einzulassen, sich selbst zu reflektieren, sich an Ihre eigenen Bedürfnisse als Kind zu erinnern, dann können Sie den Kindern den Rahmen und Freiraum geben, aus ihrer Neugier heraus mit Freude zu explorieren.

Sie als Begleitung werden den Kindern nicht vordergründig Fachwissen vermitteln, denn dies erarbeiten sich die Kinder im Prozess selbst – nach ihren Bedürfnissen, in ihrem Tempo, ihren Interessen und somit: nachhaltig. Ihre Aufgabe als pädagogische Fachkraft ist es, die Kinder bei ihrem Lernprozess zu begleiten und mit ihnen gemeinsam zu wachsen – indem Sie deren Lernverhalten und die individuellen Fähigkeiten bewusst beobachten, widerspiegeln und so das Selbstwertgefühl und Selbstbildungspotenzial der Kinder stärken. Die wesentlichste und grundlegendste Erfahrung, die Kinder in einem Projektprozess machen können, ist, das Bewusstsein über ihre eigene Selbstwirksamkeit zu erlangen. Dieses Bewusstsein für die eigenen Fähigkeiten ist Basis und Motivation für das Angehen neuer Herausforderungen in allen Lebensbereichen.

Projektarbeit ist ein Prozess, der von der Individualität, den Ideen und Ressourcen der Gruppe sowie von Zufällen im Geschehen lebt und somit sowohl für jede*n Einzelne*n als auch für die Gruppe einen nachhaltigen Erfahrungsschatz bereithält. Es gibt kein Richtig oder Falsch. Trauen Sie sich, schauen Sie, was passiert, und sammeln Sie gemeinsam Ihre persönlichen Erfahrungen.

Besonderheiten bei der Planung eines Projekts im U3-Bereich

Projektarbeit lebt nun also vom **Raum für Selbstständigkeit** und von der gemeinsamen Bearbeitung eines Themas. „Gemeinsam" bedeutet: Kinder und pädagogische Fachkraft als Ko-Konstrukteurinnen und Ko-Konstrukteure agieren im Team. Gemeinsame Themenfindung, gemeinsame Planung, gemeinsame Dokumentation und gemeinsame Reflexion finden auf einer möglichst hohen Partizipationsstufe in stetigem Dialog statt. Das heißt, die Kinder entscheiden möglichst viel selbstständig und setzen die Entscheidungen eigenverantwortlich um. Die Erwachsenen halten sich eher zurück und können um Unterstützung gebeten werden. In dieser Form ist Projektarbeit mit unter 3-Jährigen allerdings nur bedingt möglich. Um die Methode der Projektarbeit dem Entwicklungsstand und den Bedürfnissen der unter 3-Jährigen anzupassen, gibt es einige Knackpunkte, die es durch **Kreativität im didaktisch-methodischen Vorgehen** zu lösen gilt.

INFO

Knackpunkte bei der Umsetzung von Projektarbeit im U3-Bereich:

- Wie binde ich die Kinder in den Projektprozess mit ein?
- Wie erreiche ich für die Kinder die höchstmögliche Partizipationsstufe?
- Wie kommuniziere ich mit den Kindern bezüglich ihrer Bedürfnisse und ihrer Ideen bei der Themenfindung und im Verlauf?
- Wie komme ich mit den Kindern in den Prozess der Projektarbeit, ohne ihnen vorher unser langfristiges Vorhaben „Projektarbeit" erklären zu können?
- Wie gestalte ich Planungs-, Reflexions- und Dokumentationssituationen mit unter 3-Jährigen auf nicht verbaler Basis?

Ideen, Impulse und Möglichkeiten, Projektarbeit didaktisch-methodisch für Kleinkinder umzusetzen, werden im Folgenden an einem Best-Practice-Beispiel anschaulich dargestellt:

„Wir hinterlassen Spuren!"
Künstlerische Ausdrucksformen
im gestalterisch-kreativen Bereich

Die Besonderheit bei diesem Projekt liegt vor allem in der Ausrichtung auf die Zielgruppe der unter 3-Jährigen. Dies erfordert speziell in den Bereichen des **didaktisch-methodischen Vorgehens** und der **Rolle der pädagogischen Fachkraft** feinfühlige Reaktionen auf die Bedürfnisse und den individuellen Entwicklungsstand der Kinder. Der Fokus ist im Folgenden bewusst auf kreatives Gestalten und Ästhetik gerichtet: zum einen, weil dieses Kapitel auf ein Praxisprojekt im Bereich der Kreativitätserziehung hinführen soll; zum anderen, weil es in jeder Projektarbeit um kreative Prozesse geht und sich diese Gedanken auf viele andere Bildungsbereiche übertragen lassen.

Didaktisch-methodisches Vorgehen

Projektarbeit und Kreativitätsförderung

Betrachtet man die Elemente von Projektarbeit, stellt man schnell fest, dass sich diese mit Methoden zur Förderung kreativ-ästhetischer Prozesse überschneiden: Projektarbeit stellt eine raumbietende Methode für Kreativität dar. Projektarbeit sowie kreative und ästhetische Prozesse setzen an der **natürlichen Neugier** und dem **Selbstbildungspotenzial** der Kinder an. Es geht in beiden Fällen um die Erfahrungen, die das Kind beim Erforschen macht, nicht um das Endprodukt. Produkt meint hier den erwachsenen Begriff von „Produkt" im Sinne von etwas Schönem, Brauchbarem oder Dekorativem. Für Kinder sind alle ihre Spuren, jeder farbige Klecks, jeder Punkt und jede Linie, die sie auf einem Stück Papier erzeugen, ein „Produkt".

Kreative Prozesse haben, wie Projektarbeit auch, einen **offenen Verlauf**, sind **handlungsorientiert**, basieren auf **vielseitigem, ganzheitlichem Lernen** und führen durch stete Reflexion zu Erkenntnissen. Diesen Prozess gilt es, begleitend zu unterstützen, Freiräume dafür zu schaffen und Impulse zu setzen, also situative Anstöße zu geben und auf vollends vorgefertigte Gestaltungsaktivitäten oder Lösungen zu verzichten. Exploration und Kreativität sollten nicht nur im Rahmen bestimmter Einheiten ermöglicht, sondern in den Alltag integriert werden. Von Anfang an brauchen Kinder ein anregendes Umfeld zum ganzheitlichen, taktilen Erfahren, denn in der motorischen Entwicklung gilt: Übung macht den Meister.

Auch sollte bei kreativ-ästhetischen Prozessen eine **Öffnung nach außen** zur Impulsgebung stattfinden, die das soziale und räumliche Umfeld miteinschließt.

Kinder brauchen in ihren Erfahrungsprozessen Rückmeldung, nicht jedoch Bewertung. Eine ressourcenbetonte Beobachtung, bei der das Augenmerk auf dem kreativen Potenzial des Kindes liegt, und die Dokumentation seines Bildungsprozesses können dabei unterstützen. Im Dialog soll den Kindern ihr selbstwirksames Handeln explizit bewusst gemacht und verdeutlicht werden: Das hast DU gemacht![5]

[5] Vgl. Dienstbier, A., 2016; Ministerium für Bildung, 2014, S. 102–103; Reichert-Garschhammer, E., 2013

Es wird deutlich, dass jede Projektarbeit an sich ein kreativer, individueller Prozess ist. Der Fokus auf der persönlichen Entwicklung der Kinder im Selbsttun setzt Partizipation als methodisch-didaktisches Mittel voraus. Doch wie kann Partizipation in diesem Rahmen im U3-Bereich stattfinden?

Entwicklung im Selbsttun durch:

- selbstständiges Arbeiten
- Verantwortung übernehmen
- Prozesse in hohem Maße mitbestimmen

Die oben genannten Fähigkeiten zählen nicht gerade zu den ersten Entwicklungsaufgaben, die einem für die Altersgruppe unter 3 Jahren in den Sinn kommen. Und doch gehen Kleinkinder mit großen Schritten auf ihre erste Autonomiephase zu. Dinge selbst tun, selbst entscheiden dürfen, die eigene Selbstwirksamkeit spüren – all das sind Bedürfnisse, die Kinder bereits deutlich in den ersten drei Lebensjahren zeigen. Projektarbeit bietet einen großartigen Rahmen, die Kinder in Prozesse miteinzubeziehen. Wichtig dabei ist, ihren individuellen Entwicklungsstand und die Rahmenbedingungen zu beachten:

- Inwieweit sind die Kinder schon in der Lage, eine Situation zu begreifen, Entscheidungen zu treffen und Verantwortung zu übernehmen?
- Welche Vorerfahrungen hat die Projektgruppe mit Partizipation?
- Welche Rahmenbedingungen setzt die Einrichtung, was die Partizipation der Kinder betrifft?
- Welche Entscheidungen können den Kindern überlassen werden?
- Wie viel bin ich persönlich zu diesem Zeitpunkt innerlich bereit, den Kindern an Freiheit zu geben? Was traue ich mir und den Kindern zu?

Aufgrund dieser Überlegungen wird das Projekt zu Beginn auf einer **Partizipationsstufe** angesetzt. Orientierung dafür bietet beispielsweise **das Stufenmodell** des Psychologen *Roger Hart*[6], der verschiedene Grade der Partizipation unterscheidet. Der Partizipationsgrad kann im Projektprozess je nach Einheit oder Phase variieren. Im Folgenden wird das Modell nach Hart anhand einiger Beispiele zur Projektarbeit erläutert.

Foto: Marina Lingenfelder

[6] Vgl. Wagener, A. L., 2013, S. 17; Hart, R. A., 1992, S. 8

Partizipationsgrad		Beispielsituation	[7]
Stufe 8	**Kinderinitiative, mit den Erwachsenen geteilte Entscheidung**	Die Kinder entscheiden alles selbstständig und setzen die Entscheidungen eigenverantwortlich um. Die Erwachsenen befinden sich eher im Hintergrund und können um Unterstützung gebeten werden.	
Stufe 7	**Von Kindern initiiert und durchgeführt**	Die Kinder überlegen sich selbst, dass sie gerne ein Fest veranstalten möchten, und initiieren dieses Projekt. Sie haben bei allen Schritten der Umsetzung das gleiche Mitspracherecht wie die Erwachsenen.	
Stufe 6	**Erwachseneninitiative, mit den Kindern geteilte Entscheidung**	Es gibt ein Mitentscheidungsrecht der Kinder, wie das Programm des Sommerfestes gestaltet wird. Die Erwachsenen initiieren das Fest, die Kinder dürfen bei der Themenfindung und allen Schritten der Umsetzung mitentscheiden.	**Partizipation** Erwachsene geben den Kindern Möglichkeiten, sich zu beteiligen
Stufe 5	**Kinder werden konsultiert, informiert**	Die Kinder dürfen Wünsche äußern, was das Motto des anstehenden Sommerfestes betrifft. Die Erwachsenen haben letztendlich die Entscheidungsmacht.	
Stufe 4	**Aufgaben werden zugewiesen, Kinder werden informiert**	Die Kinder übernehmen die ihnen zugewiesene Aufgabe, für das Sommerfest Blumen für die Tische zu gestalten.	
Stufe 3	**Alibi-Teilnahme**	Die Kinder dürfen Wünsche äußern, was das Motto des anstehenden Sommerfestes betrifft. Diese werden bei der Umsetzung jedoch nicht beachtet.	
Stufe 2	**Kinder als Dekoration**	Die Kinder singen ein vorgegebenes Lied beim Sommerfest der Einrichtung.	**Nicht-Partizipation** Instrumentalisierung der Kinder durch Erwachsene
Stufe 1	**Manipulation der Kinder**	Ein Kind hält beim Sommerfest ein Plakat hoch, dessen Inhalt es nicht versteht.	

[7] Vgl. Tabelle in Anlehnung an Wagener, A. L., 2013, S. 17, sowie an Hart, R. A., 1992, S. 8

Die **Gesamtverantwortung** für eine Aktivität oder ein Projekt liegt natürlich auch bei höchster Partizipationsstufe immer in den Händen der Fachkraft und richtet sich nach dem Entwicklungsstand der Kinder. Die pädagogische Fachkraft hat den Überblick über den gesamten Prozess und ist demnach verantwortlich für die Sicherheit aller Kinder, für die Rahmenbedingungen (Raum, Zeit, Umgebung, Material) sowie für Gruppenprozesse, individuelle Bedürfnisse und Lern- und Entwicklungsprozesse der einzelnen Kinder. Im U3-Bereich kann man **Stufe 6** als höchstmögliche Partizipationsstufe bezeichnen, die sich mit Kindern dieses Entwicklungsstandes umsetzen lässt. Oft bietet es sich an, zunächst auf einer der unteren Stufen zu starten, gemeinsam mit den Kindern in den Projektprozess einzutauchen und immer wieder zu reflektieren, auf welchem Stand man sich aktuell befindet und ob die Gruppe bereit für den nächsten Schritt ist. Die richtige Art von Planung spielt dabei eine elementare Rolle.

Offene Planung und geplante Offenheit

Offene Planung – geplante Offenheit: Das klingt im ersten Moment nach einem Widerspruch in sich. Doch bei näherer Betrachtung ergibt sich daraus ein ganz wunderbares Zusammenspiel. In der Projektarbeit geht es darum, durch gute, passgenaue Planung Offenheit zu ermöglichen. Denn es braucht den richtigen Rahmen, um frei explorieren zu können. Und dieser Rahmen, der Ort, das Material, das Umfeld, muss präzise durchdacht und geplant werden. Die Kunst der Antizipation ist dabei das A und O.

Eine offene Planung stellt zunächst häufig eine große Herausforderung für uns Erwachsene dar. Wir müssen uns von dem Gedanken lösen, den Projektverlauf geordnet und berechenbar zu steuern. Voraussetzung zur offenen Planung ist eine offene Haltung. Versuchen Sie, offen für die Ideen und Gedanken der Kinder zu sein und Vertrauen in ihre Kompetenzen und ihre natürliche Neugier zu haben.

Offene Planung heißt allerdings nicht, nichts zu planen und die Kinder „einfach mal machen zu lassen“. Die Hauptaufgaben pädagogischer Fachkräfte liegen bei der Projektarbeit im Bereich der Organisation der Rahmenbedingungen (Sicherheit, Material etc.), der Begleitung der Gruppenprozesse und der Beachtung von Bedürfnissen der einzelnen Kinder. Besonders bei der Arbeit mit den Kleinsten ist eine sehr durchdachte, kleinschrittige „offene Planung“ wichtig. Denn eine detaillierte Planung von Rahmenbedingungen der Projekttreffen ermöglicht ein umso freieres und offeneres Explorieren der Kinder. Viele Kleinigkeiten sollten gut vorbereitet werden, um einen möglichst stressfreien, harmonischen und unkomplizierten Ablauf zu gestalten. Die vorbereitete Situation muss weitestgehend selbsterklärend sein und sollte möglichst wenig Raum geben für „ungewollte“ Aktionen:

> Nicht die Wände anmalen!
>
> Nein, bleib bitte weg von der Wand.
>
> Pass auf, es spritzt!

Will man beispielsweise verhindern, dass Wände und andere Flächen mit Farbe bekleckert werden, sollte man sie vor Projektbeginn abdecken. So können ständige Verbote und einige „Neins“ vermieden werden. Das ist wünschenswert, denn jedes Verbot schränkt die innerliche Freiheit der Kinder, sich ausprobieren zu dürfen, ein und nimmt ihnen das Gefühl, in ihrem Projekt ganz ihren Ideen und Fragen folgen zu können. Dennoch ist aber natürlich auch die Fähigkeit, Regeln anzunehmen und einzuhalten, ein wichtiger Lernprozess, der in der offen gestalteten Projektarbeit seinen Platz haben sollte.

Foto: Marina Lingenfelder

Zeit und Dosierung

Zeit zu haben, sich in Ruhe mit etwas zu beschäftigen, ist besonders für Kinder in den ersten drei Lebensjahren wichtig und wird in unserem heutigen Kita-Alltag immer mehr zum Luxus. Es gilt, bewusst darauf zu achten, den Kindern die Zeit für sinnliche Wahrnehmung und Erkenntnisgewinn in ihrem Tempo, nach ihren Bedürfnissen zu geben.

Bei Kindern ist der Verarbeitungsprozess im Gehirn in den ersten Lebensjahren noch nicht so automatisch und prompt wie bei uns Erwachsenen. Jegliche Wahrnehmungen brauchen Zeit, um geordnet und gespeichert zu werden. Wiederholung gehört zum ästhetischen Prozess, festigt Erfahrungen und ist absolut notwendig. Kinder brauchen Zeit zum Explorieren, zum Beobachten und Nachahmen, für Überlegungen, schöpferische Pausen, für das Nichtstun und um sich bis zum Gefühl der Befriedigung mit etwas zu beschäftigen.

> „Kinder unter 3 Jahren haben eine maximale Aufmerksamkeitsspanne von 10 bis 15 Minuten!"

Solche und ähnliche Aussagen hört man unter Erzieher*innen oft. Eine Kleingruppe kann jedoch durchaus auch eine Stunde lang beschäftigt sein. Das heißt nicht, dass jedes Kind dabei durchgehend höchstkonzentriert aktiv sein muss. Das ist es vielleicht tatsächlich nur 10 Minuten. Aber: Jedes Kind braucht seine Zeit, um sich auf die Aktion einzulassen. Zuschauen sollte unbedingt gestattet sein. Selten sind bei einem Angebot alle Kinder gleichzeitig auf gleiche Weise aktiv – eher nacheinander. Während ein Kind gerade versunken bei der Sache ist, sind die anderen damit beschäftigt, zu beobachten, vorsichtiges Interesse zu entwickeln, nachzuahmen oder Getanes in neuem Spiel nachzubearbeiten.[8]

Die Sicherheit und das Wissen darum, Zeit zu haben, ist Voraussetzung, um völlig bei sich und seinem Tun sein zu können – Zeit für Versunkenheit zu haben, damit man die Zeit dabei vergessen kann. Als „**Flow**" bezeichnet Mihály Csikszentmihalyi dabei das tiefe Glücksgefühl und die Harmonie mit sich selbst und der Welt. Befindet man sich im Flow, verändert sich das Zeitgefühl, die Aufmerksamkeit zentriert sich auf ein bestimmtes Feld, man geht auf in seinem Tun und tritt im Einklang von Handeln und Bewusstsein in Selbstversunkenheit. Um das zu erleben, darf man weder unter- noch überfordert sein. Die durch die Flow-Dynamik entstehenden Glücksgefühle unter Dopaminausschüttung führen zu einer autotelischen Motivation für höchste Konzentration und kreative Leistung. Diese ist der Antriebsmotor für die Bereitschaft, weitere Kompetenzen zu erwerben, für Leistungsbereitschaft und Herausforderungsannahme. Man spricht hierbei von **intrinsischer Motivation**. Ein Kreislauf aus Herausforderungsannahme, Selbstwirksamkeit, Aufgehen im Tun (Flow, Erfolg, Glücksgefühle) und autotelischer sowie intrinsischer Motivation entsteht. Der Mensch erfährt sich als selbstwirksam und entwickelt ein positives Selbstkonzept.[9]

[8] Vgl. Dienstbier, A., 2016, S. 82–88; Bostelmann, A., Fink, M., 2014, S. 103

[9] Vgl. Braun, D., 2007, S. 54–56

Umgebung

Die räumliche Umgebung beeinflusst kreative Prozesse maßgeblich und sollte eine Atmosphäre bieten, in der sich die Kinder wohl und sicher und zugleich frei fühlen. Farbe, Licht, Größe und Ordnung sind dabei zur Orientierung und Verhinderung von Reizüberflutung entscheidend. Die Umgebung sollte **zum autonomen Entdecken einladen**. Dazu ist es wichtig, dass Materialien zum selbstständigen Gebrauch auf Augenhöhe und in Reichweite der Kinder aufbewahrt und präsentiert werden. Denn nach einem bestimmten Material zu fragen, würde für Kinder unter 3 Jahren sowohl kognitiv als auch sprachlich meist noch eine viel zu große Hürde darstellen.

Um Kreativität ausleben zu können, braucht es also **Freiraum**: zum einen, was die selbstständige Auswahl an Material betrifft, zum anderen Freiraum im Raum. Das Inventar sollte variabel sein und die Kinder nicht in ihrer Bewegungsfreiheit einschränken, sodass sie großflächig auf dem Boden, an Tischen und Senkrechten arbeiten können. Dabei erhobene Sauberkeitsansprüche blockieren Kreativität. Entsprechender Boden- und Wandschutz ermöglicht auch drinnen ästhetische, ganzheitliche Erfahrungen mit Farben, Sand, Wasser, Schaum oder anderen Materialien. Bodentiefe und freie Fensterflächen verbinden Innenraum und Außenwelt und sorgen für Tageslicht im Raum.

Damit die Kinder die **Resultate ihrer Selbstwirksamkeit** präsentieren und selbst immer wieder betrachten können, braucht es vor Ort außerdem Trocken- und Ausstellungsmöglichkeiten, wie Leinen oder für diese Zwecke freigehaltene Wandflächen.[10]

Material

Um eine **freie Entfaltung der Kreativität**, der Fantasie und des ästhetischen Empfindens nicht zu begrenzen, bedarf es der Bereitstellung wenig vorgefertigten Materials. Sein Arrangement sollte möglichst selbsterklärend sein und Lust zum Erkunden machen. Dabei hilft es, bei Projekteinheiten ausreichend Material für jedes einzelne Kind zu arrangieren, denn Teilen als Sozialkompetenz steht in diesem Kontext nicht im Vordergrund der pädagogischen Zielsetzung.

Material für kreativ-ästhetische Prozesse sollte vielfältige **sinnliche Anregungen** bieten. Je mehr Charakteristika ein Gegenstand oder Material hat, desto mehr Erfahrungen bietet es dem forschenden Kind. Dieses Kriterium erfüllen am besten zweckfreie, unbestimmte, unfertige Materialien, die keine festen Form- und Funktionszuweisungen haben, wie etwa Wolle, Knetmasse oder Sand. Ihre Veränderbarkeit ermöglicht den Kindern die Erfahrung des Spurenhinterlassens durch eigene Selbstwirksamkeit. Elementare Materialien (wie Ton oder Stöcke) bieten die meisten sinnlichen Erfahrungsfelder. Motorische Kompetenzen wie Krafteinsatz und Dosierung werden durch Materialien gefördert, die durch Krafteinsatz veränderbar sind (Holz). Alltagsmaterialien (Rührschüsseln, Schals, Schwämme, Wäschekörbe, Verschlussclips) regen Umdeutungs-, Zweckentfremdungsprozesse und Neuwertungen an.

Das Materialangebot sollte, was die Vielfalt betrifft, eher übersichtlich sein, damit keine Reizüberflutung entsteht. Gleichzeitig aber sollten einzelne Materialien in großen Mengen zur Verfügung gestellt werden, da große Mengen einen **hohen Aufforderungscharakter** haben.[11]

[10] Vgl. Dienstbier, A., 2016, S. 82–85;
Bostelmann, A., Fink, M., 2014, S. 24–25, 103

[11] Vgl. Dienstbier, A., 2016, S. 85–87;
Vgl. Bostelmann, A., Fink, M., 2014, S. 95–96, 105

Zusammen jede*r für sich

Kleingruppen von zwei bis vier Kindern eignen sich für kreativ-gestalterisches Arbeiten besonders gut. Eine Projektgruppe sollte übersichtlich genug sein, damit auf **individuelle Bedürfnisse** eingegangen werden kann. Das einzelne Kind sollte aber auch die Möglichkeit haben, sich an anderen Kindern zu orientieren. Obwohl Kleinkinder dieses Alters eher nebeneinander explorieren, lernen sie doch intensiv voneinander. Oft liefern Kinder anderen Kindern prägendere Impulse als Erwachsene. Sie beobachten sich gegenseitig, versuchen, nachzuahmen, oder lassen sich zu Neuem anregen. Erfahrungen werden durch Beobachtung ausgetauscht. Hier beginnt, was später zur **Ko-Konstruktion** wird. Dadurch, dass Kleinkinder ihre Welt zunächst sehr selbstbezogen entdecken, können **Anreize anderer Kinder** aus ihrer Peergroup, die zeitgleich ähnliche oder andere Dinge entdecken, erforschen und erfahren, sehr wertvoll sein.[12] Trotzdem brauchen Kinder auch Raum, um zunächst ihre Erfahrungen für sich selbst zu sammeln. Erfahrungsorte sollten so ausgerichtet sein, dass sich einzelne Kinder zurückziehen können bzw. jedes einen eigenen Platz mit eigenem Material hat.

Mitspieler*in, Vormacher*in und Impulsgeber*in sind auch Sie als pädagogische Fachkraft. Das eigene Beschäftigen mit einem Material oder Objekt regt schnell die Neugier von Kindern an, motiviert sie und kann bewusst als Einladung zum Mitmachen eingesetzt werden.[13]

Foto: Emilia Schmidt

[12] Vgl. Bostelmann, A., Fink, M., 2014, S. 106
[13] Vgl. Dienstbier, A., 2016, S. 89; vgl. Bostelmann, A., Fink, M., 2014, S. 23–24, 105–106

Ihre Rolle als pädagogische Fachkraft

Wie in den Abschnitten zum didaktisch-methodischen Vorgehen erwähnt, haben Sie als pädagogische Fachkraft, die die Kinder im Projektprozess begleitet, unter anderem folgende große Aufgabe: den Kindern **die richtigen Rahmenbedingungen** zu schaffen. Was genau zum Schaffen dieser Rahmenbedingungen gehört, erläutere ich im folgenden Abschnitt.

Ihre Haltung und Ihr Verhalten als pädagogische Fachkraft, die das Projekt begleitet, bestimmen, inwieweit freie Entwicklung und kreatives Explorieren im Rahmen des Projekts stattfinden können.

Sie als unterstützende*r Begleiter*in kindlicher Bildungsprozesse benötigen zum einen **Fachwissen** über Methoden und pädagogische, entwicklungspsychologische und sozialwissenschaftliche Theorien sowie die Bereitschaft, diese ständig neu zu überdenken. Begleiter*in sein schließt neben der **fachlichen Kompetenz** aber auch **emotionale Kompetenz** ein.

Bildung und Erziehung sind immer auch *Be*ziehung. Eine sichere Bindungsbeziehung ist Ausgangspunkt für jede Art von Exploration und aktiver sinnlicher Wahrnehmung.[14] Ihre Aufgabe ist es, dem Kind als sichere Basis zur Verfügung zu stehen, feinfühlig auf die kindlichen Bedürfnisse zu reagieren und dem Kind somit das Explorieren in seiner Umwelt zu ermöglichen. Hat ein Kind nicht den Aufbau eines solchen Urvertrauens erlebt, kann es die Reize seiner Umwelt nur eingeschränkt aufnehmen und verarbeiten. Die Hirnforschung belegt, dass sich kognitive und kreative Potenziale bei Kindern durch emotionale Zuwendung stärker entwickeln.[15]

Es gilt, eine wohlwollende Atmosphäre zu schaffen, in der sich das Kind sicher fühlt. Dabei sind Sie als begleitende Fachkraft Teil der Atmosphäre. Sie sind es, der*die die Kinder durch **Zuwendung und Zutrauen** stärkt. Sie sind ein Modell, an dem sich die Kinder orientieren. Ihre Haltung bestimmt neben Ihrem eigenen Verhalten auch das der Kinder. Eine positive Einstellung, Offenheit und Akzeptanz gegenüber kreativen Denk- und Verhaltensweisen ermöglichen Ihnen, wertschätzende und

[14] Vgl. Bowbly, J. nach Stegmaier, S., 2008
[15] Vgl. Metzinger, A., 2009; Cierpka, M., 2012; Becker-Stoll, F., 2019; Goddemeier, C., 2019

positive Rückmeldungen für kreatives Handeln zu geben, die das kompetente und kreative Selbstbild des Kindes stärken.

Der Weg zu dieser Haltung führt über eigene positive Erfahrungen mit Gestaltungsprozessen. Sie sollten sich selbst in Ihrer Kreativität ausprobieren und darüber reflektieren. Nur so können Sie sich in das kindliche Verhalten einfühlen und **authentisch begeisterungsfähig** für kreativ-ästhetische Prozesse sein. Auch zählt dazu die Bereitschaft, in die kindliche Perspektive zu wechseln, sich begeistern zu lassen und mit und von den Kindern zu lernen – neugierig zu sein wie ein Kind (Ko-Konstruktivismus). Diese Haltung bewirkt, dass sich das kreative Potenzial des Kindes entfalten kann.

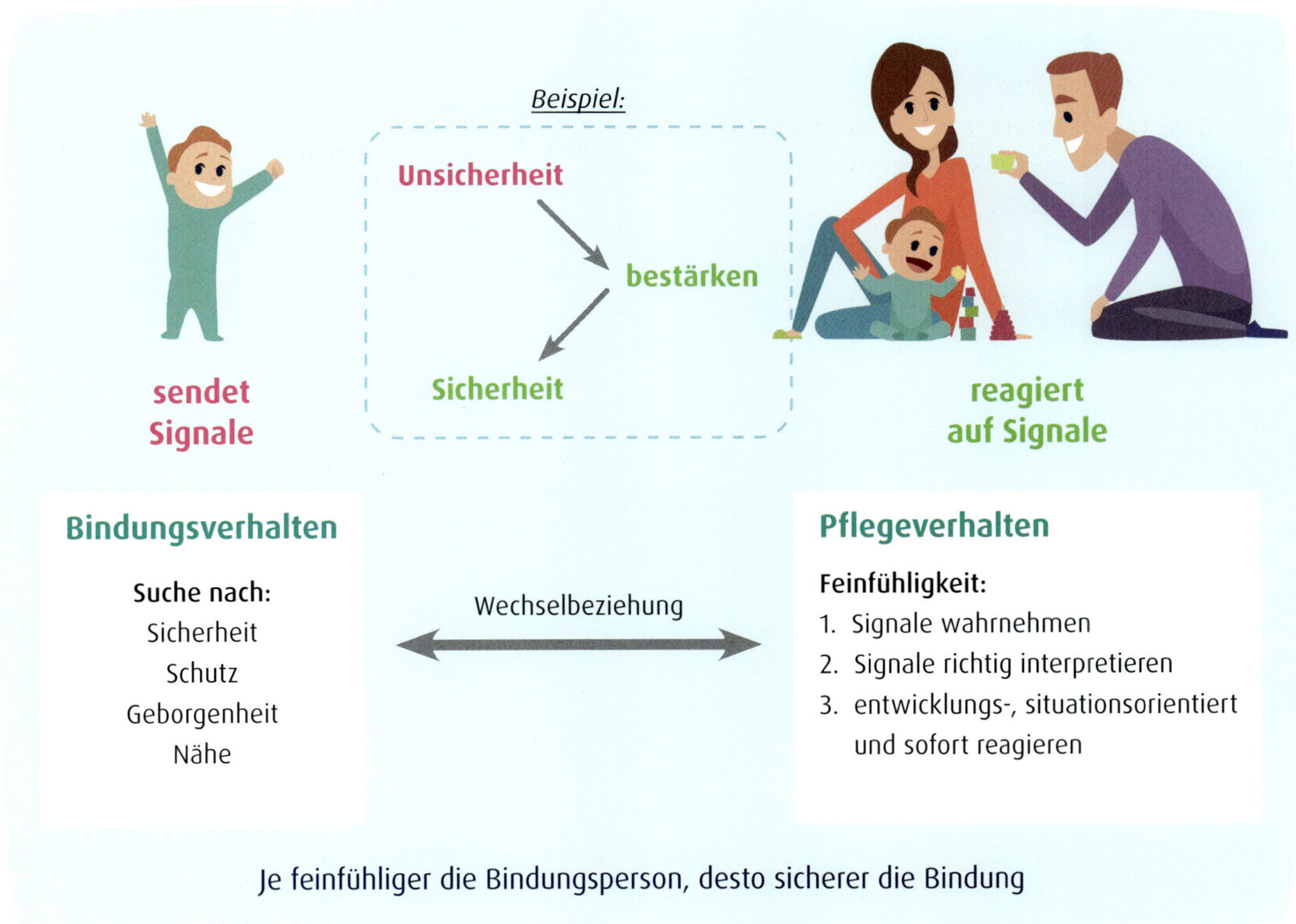

Als Partner*in, der*die auf die kindliche Welt- und Selbsterfahrung reagiert, sollten Sie immer präsent sein. **Präsenz** kann hierbei in Form von Beobachtung, aktiver Teilnahme oder wertungsfreier Resonanz stattfinden. Auch braucht es die Fähigkeit, Kinder ihre eigenen Selbstbildungswege gehen zu lassen. Dies erfordert Spontaneität, Flexibilität, Zurückhaltung, Geduld, Ermutigung zu Unkonventionellem und das Erlauben eigener Lösungswege. Sie sollten bereit sein, Freiheit zu geben und ihre Folgen aushalten zu können.

> Wir wollen dem Kind eine Haltung vermitteln, die ihm zeigt: Du bist kompetent und fähig, eigene Annahmen über deine Umwelt und das Funktionieren von Dingen zu entwickeln und diese zu erforschen. Ich gebe dir die Unterstützung, die du dafür brauchst.[16]

Ihre Aufgabe ist es demnach, Erfahrungen mit verschiedensten Reizen anzubieten – und dabei genügend Freiräume zu lassen, sodass das Kind weiß: Ich darf hier schmieren. Sie geben Sicherheit und Geborgenheit. Die sich entwickelnden Prozesse werden immer wieder von Ihnen beobachtet, (gemeinsam mit den Kindern) dokumentiert und sind Grundlage für weitere Impulse von Ihrer Seite (s. Vorlage S. 114). Zudem sind Sie **Bindeglied** zwischen dem Projektgeschehen in der Kita und den Eltern. Sie gestalten den Rahmen für den gesamten Prozess und halten alle Elemente in Verbindung zueinander.[17]

Beziehung, Exploration und Sprache

Unsere Haltung bezüglich ganzheitlicher Erfahrungen spielt auch beim **kindlichen Spracherwerb** eine große Rolle. Wir Erwachsenen neigen zu einer unbewegten, abstrakten Sprache. Kinder brauchen dagegen eine mit Bewegung und Emotionen verbundene Sprache, damit die entsprechenden Neuronen im Gehirn aktiviert werden. Später können sie auf die gewonnenen Erfahrungen zurückgreifen. Sprache ist dann nicht mehr an Handlung gebunden und Denken nicht an formulierte Worte. Die Sprache wird als **etwas Abstraktes** erkannt.

Verben, Adjektive und Präpositionen müssen für Kleinkinder zunächst erlebbar sein. Für den **Wortbedeutungserwerb** ist es wesentlich, dass ein Kind den eigenen Körper und die Dinge in seiner Umwelt ganzheitlich erforschen kann. Dabei ist es wichtig, dass es die neu erlernten bzw. aufgenommenen Worte mit seinen eigenen Erfahrungen und Bedeutungen füllen kann, indem es diese mit allen Sinnen erleben darf. Nur durch dieses **selbstaktive Erfahrungen-Sammeln** kommen die Kinder vom Greifen über das Begreifen schließlich zum Begriff. Es genügt in diesem Zusammenhang nicht, ihnen die eigenen, selbst gesammelten Erfahrungen mitzuteilen.

> Der Schnee ist sehr kalt! Lass deine Handschuhe an.

Wir können den Kindern Worte anbieten und sie auf dazu passende Erfahrungen aufmerksam machen. Wir können dem Kind aber nicht die von uns gemachten Erfahrungen mit dem Wort weitergeben. Diese müssen sie selbst für sich machen.[18]

[16] Vgl. Braun, D., 2011, S. 81
[17] Vgl. Braun, D., 2011; Dienstbier, A., 2016
[18] Vgl. Böcker, N., 2019

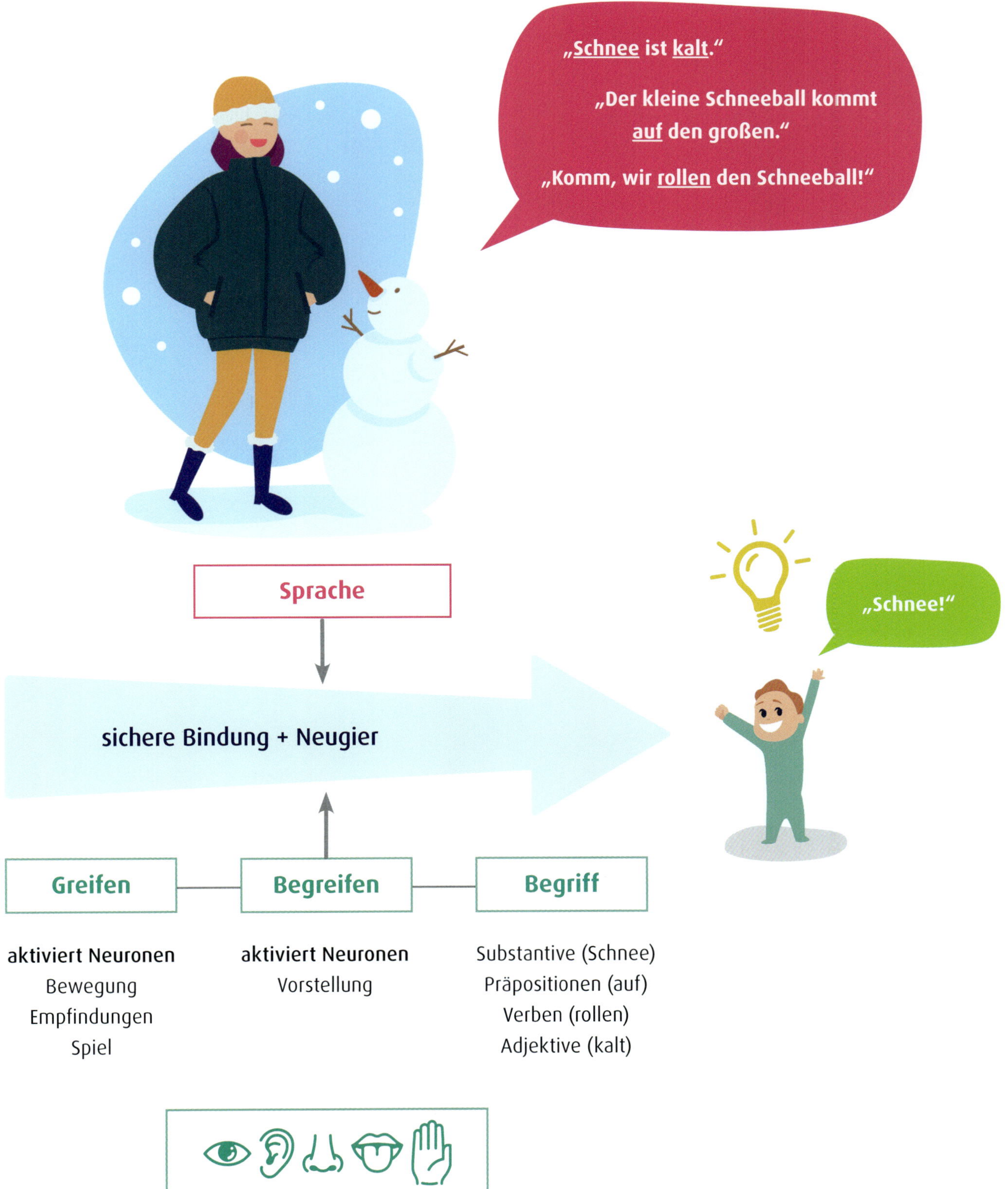

Exploration

Shutterstock.com: Frau/Baby © ONYXprj, Glühbirne © Andy Dune, Sinne-Icons © Sylfida

Foto: Emilia Schmidt

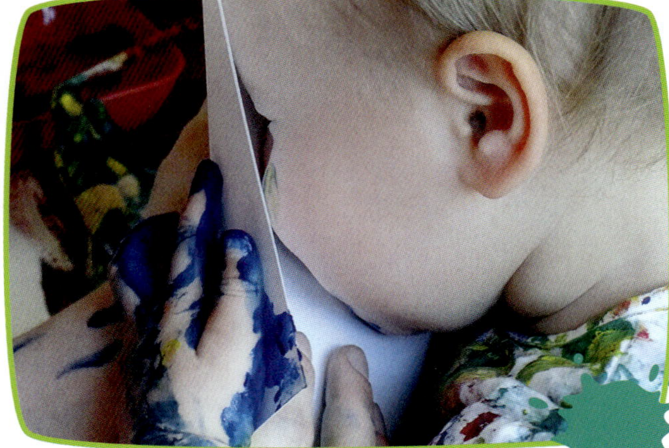

Foto: Marina Lingenfelder

2.

WIR STARTEN EIN PROJEKT!

PLANUNG, VORBEREITUNG, HINTERGRÜNDE

Nachdem Sie nun einen Überblick über die Methode der Projektarbeit im U3-Bereich und deren Besonderheiten bekommen haben, folgen wir weiter der Spur der kleinen Füße, die uns dem Projekt der Spurenforscher*innen immer näherbringt.

In diesem Kapitel steigen wir ein in die Vorbereitungsphase eines U3-Projektprozesses. Diese wird anschaulich und konkret am Beispiel des „Spurenforscher-Projekts" dargestellt. Es geht dabei um alle Fragen, die vor der ersten Projekteinheit überdacht werden müssen:

- **Was ist das Thema unseres Projekts?**
- **Welche Kinder werden an dem Projekt teilnehmen?**
- **Welche Sachinformationen brauche ich, um das Projekt begleiten zu können?**
- **Welche pädagogische Intention möchte ich mit diesem Projekt verfolgen?**
- **Wie sollen die Projekteinheiten grundlegend aufgebaut sein?**
- **Welche Dokumentations- und Reflexionsmethoden bieten sich für dieses Projekt an?**
- **Wie lässt sich die Zusammenarbeit mit den Eltern im Rahmen des Projekts gestalten?**

Kommen Sie mit und folgen Sie unserer Spur!

Nicht alle diese Fragen müssen vor der ersten Einheit schon gänzlich und ausführlich geklärt sein. Dokumentations- und Reflexionsmethoden ergeben sich beispielsweise oft nach und nach im Prozess und werden dabei weiterentwickelt.

Erste Gedanken

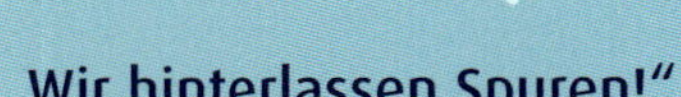

„Wir hinterlassen Spuren!"

Etwas „hinterlassen" kann man auf verschiedene Weise:

- Man hinterlässt einen guten Eindruck,
- man hinterlässt seinen Nachkommen etwas als Vermächtnis,
- man hinterlässt zum Feierabend seinen Arbeitsplatz in sorgfältiger Ordnung,
- man hinterlässt für jemanden eine Nachricht
- oder man hinterlässt Spuren, z. B. im Sand.

„Spuren hinterlassen" ist ein Phänomen, das sich nicht nur auf die frühkindliche Lebenswelt bezieht. Oft haben „Spuren" etwas mit Vergänglichkeit zu tun. Vielen Menschen ist es wichtig, dass etwas von ihnen wahrnehmbar bleibt, was sie selbstwirksam mit ihren Fähigkeiten verursacht, erschaffen, hervorgerufen haben – etwas, worauf sie stolz sind, wofür sie wertgeschätzt werden. Kinder sind zunächst stolz auf sich, sie freuen sich über den Moment, in dem sie aktiv und sichtbar Spuren verursachen. So werden sie sich ihrer Fähigkeiten bewusst und erfahren sich als wirksam. Das wirkt sich positiv auf ihr Selbstwertgefühl und Selbstbild aus.

Der Wunsch, Spuren zu hinterlassen, zieht sich bei vielen durch das ganze Leben: Kleinkinder erfahren sich in ihrer Umwelt, junge Erwachsene möchten „die Welt verändern" und besonders für ältere Menschen gewinnt das Spurenhinterlassen an Bedeutung. Je älter und reifer, desto reflektierter möchten viele etwas von sich hinterlassen. Themen wie Vergänglichkeit und Endlichkeit dringen ins Bewusstsein. Für Kinder sind eher sichtbare Spuren von Bedeutung und damit eine ästhetisch-sinnliche Erfahrung mit Materialien, mit der Umwelt und mit dem eigenen Selbst. Für Erwachsene hat das Spurenhinterlassen oft mit der Wirkung auf andere zu tun. Man möchte in Erinnerung bleiben und sozusagen emotionale Spuren hinterlassen. Etwas hinterlassen zu können, gibt uns das Gefühl, etwas durch die eigenen Fähigkeiten bewirkt zu haben.

Spuren können unbewusst und bewusst erzeugt werden. Jedes Verhalten verursacht eine Wirkung. Wer bewusst Spuren hinterlässt, will sich damit vielleicht selbst darstellen. Das geschieht in der Absicht, einen Einfluss darauf zu nehmen, wie man nachhaltig in der Erinnerung anderer bleibt. Die große Gemeinsamkeit bei allen Spurenhinterlassenden liegt in dem natürlichen Bedürfnis, die eigene Wirksamkeit zu spüren, ein starkes Selbstwertgefühl und letztlich ein positives Konzept von sich zu entwickeln.

Themenfindung

Eine Ideensammlung mit den Kindern durch gezieltes Fragen ist im U3-Bereich eher schwierig. Es stellen sich also anfangs diese Herausforderungen:

- Wie kommuniziere ich mit den Kindern bezüglich ihrer Bedürfnisse und ihrer Ideen bei der Themenfindung und im Verlauf?
- Wie gestalte ich Planungssituationen mit unter 3-Jährigen auf nicht verbaler Basis?

Sprachlich und bewusst können Kleinkinder ihre aktuellen Themen, Interessen und Bedürfnisse nur begrenzt äußern. In ihrem täglichen Spiel und Verhalten dokumentieren sie allerdings ganz genau, was sie gerade beschäftigt und antreibt. Gemeinsame Themenfindung heißt also:

Die Kinder folgen ihrer natürlichen Neugier und setzen diese in ihrem Spiel um. Sie als Entwicklungsbegleiter*in beobachten die Kinder aufmerksam, spitzen Ohren und Stift und dokumentieren das Wahrgenommene. Beobachten Sie die Kinder in möglichst vielen unterschiedlichen Situationen:

- im Freispiel,
- bei Ausflügen,
- bei individuellen Entdeckungen,
- bei Bildungsaktivitäten und anderen Impulssituationen in anregenden Lernumgebungen.

Hilfreiche Dokumentationshilfen sind beispielsweise Beobachtungstabellen (s. Vorlagen S. 114, 117) – für Sie als pädagogische Fachkraft und auch für die Eltern zu Hause. Eltern können als Expert*innen ihrer Kinder durch Beobachtungen des Kindes zu Hause Ihre Beobachtungen vom Kind in der Krippe zu einem umfassenden Blick auf das Kind ergänzen. Ein Austausch dazu kann auf unterschiedliche Art und Weise stattfinden.

Bleiben Sie mit den Eltern im Gespräch. Eine gute Möglichkeit, die Eltern bereits in der Themenfindungsphase mit einzubeziehen, ist es, sie von zu Hause erzählen zu lassen:

- Mit welchen Themen und Materialien beschäftigt sich Ihr Kind aktuell besonders/wiederholt/ausdauernd und was tut es damit?
- Auf welche Art und Weise zeigt Ihr Kind Interesse an seinem Körper?

Die Beobachtungen der Eltern können mithilfe eines Beobachtungsbogens gesammelt werden (s. Vorlage S. 117).

Elternbeobachtungen finden nicht nur **zur Themenfindung** Verwendung, sondern auch, **nachdem ein Thema gewählt wurde**. Gestalten Sie den Beobachtungsbogen bei Bedarf spezifisch um, indem Sie gezielt Fragen zum bereits ausgewählten Thema stellen.

Beobachtung der Kinder ist also der eine und sicherlich auch der größte Bestandteil der Themenfindungsphase im U3-Bereich. Ein weiterer Bestandteil kann aber auch Ihre Wahrnehmung bezüglich Auffälligkeiten an **Rahmenbedingungen** im Umfeld spielen:

> “Mangelt es beispielsweise an Möglichkeiten zur Bewegung, zum kreativen Arbeiten, an Bücher zu gelangen, in die Natur zu gehen etc.?
>
> Gibt es bisher ungenutzte und somit neue Räume/Orte für die Kinder in der Einrichtung oder im näheren Umfeld, die für sie interessant sein könnten?”

2. WIR STARTEN EIN PROJEKT!

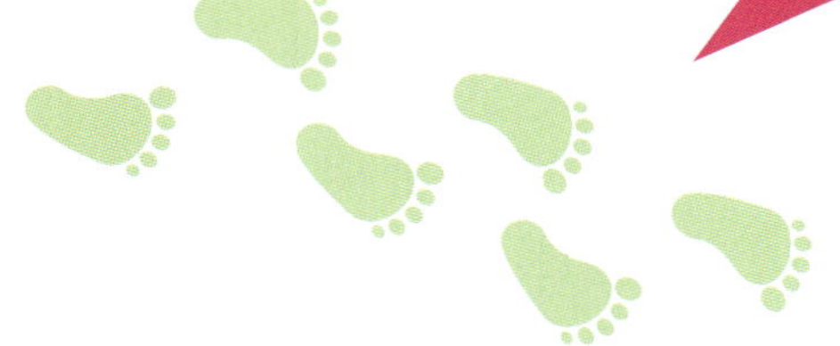

Auf zu neuen Abenteuern!

Veränderungen der Rahmenbedingungen in der Einrichtung, bezogen auf die Interessen, Themen und Bedürfnisse der Kinder, können zusätzliches Ziel der Projektarbeit sein: beispielsweise Neuerungen in der Raumgestaltung, im Tagesablauf, in der Raumnutzung von bisher von der Krippe ungenutzten (Funktions-)Räumen der Kita.

Beispiel

Beobachtungsbogen zur Themenfindung für pädagogische Fachkräfte

Verhalten/Material *	Kind	Situation	Datum	Ideen zu möglichen Projektthemen
eigener Körper	Emil	Emil greift beim Wickeln nach dem Pinsel und streicht sich damit an seinen Beinen, Füßen und Händen über die Haut und über seine Haare.	24.09.	„Körperwahrnehmung", „Das bin ich!"
Speichel	Maria	Maria sitzt im Singkreis auf dem Boden, neigt sich nach vorn, dicht mit dem Gesicht über dem Boden, und lässt Speichel aus dem Mund laufen. Danach betrachtet sie den Fleck und schmiert den Speichel mit der Hand über den Boden.	02.10.	„Spuren hinterlassen", „Mein Körper"
Taktile Suche nach Begrenzung und nach intensivem Körperkontakt zu anderen und zu Gegenständen	Henry	Henry zeigt wenig Kraftdosierung im Umgang mit Materialien und bei Berührungen. Er drückt sich beim Laufen über den Flur stets mit dem Arm an der Wand entlang. Oft zieht er sich in Raumecken zurück und steht mit dem Rücken an die Wand gedrückt.	08.10.	„Wahrnehmung", „Körperwahrnehmung", „Psychomotorik"
Erde, Laub	Ayla	Ayla liegt mit dem Bauch auf dem Waldboden. Sie legt den Kopf auf den Boden und schaut zu, wie sie mit ihrem Arm die Erde und das Laub hin und her schiebt. Dann drückt sie mit ihrem Zeigefinger Löcher in die Erde.	09.10.	„Materialerfahrung", „Spuren hinterlassen"

* *Woran zeigt das Kind ein besonderes Interesse? (z. B. Buch, Farbe, Sand, der eigene Körper …)*

Der erste Schritt – Projektgruppe und Thema

Die Auswahl der Projekt-Kinder liegt bei der pädagogischen Fachkraft. Kinder in den ersten drei Lebensjahren sind noch nicht in der Lage, im Vorhinein zu entscheiden, ob sie Interesse haben, an einem Projekt teilzunehmen oder nicht. Aufgrund ihres Alters sind sie noch nicht imstande, Vorstellungen davon zu entwickeln, was ein „Projekt" bedeutet. Entscheiden Sie deshalb aufgrund Ihrer **Beobachtungen und Überlegungen**, z. B.:

- Ließ sich bei diesem Kind potenzielles Interesse am Projektthema beobachten?
- Sehe ich einen Bedarf für das Kind, sich mit diesem Projektthema auseinanderzusetzen?
- Ist das Kind bereits sicher genug in der Krippe eingewöhnt?
- Wird das Kind noch ausreichend lange in der Krippe sein, um an dem Projekt teilnehmen zu können, bevor es in die Kita wechselt?

Nach einer Beobachtungs- und Themenfindungsphase von mehreren Wochen ergaben sich nach und nach immer deutlicher die Projektgruppe und ihr gemeinsames Thema.

Meine Beobachtungen

- Das Kind schiebt Essen mit Besteck und Händen hin und her. (Es isst am liebsten mit den Händen.)
- Das Kind nimmt immer wieder Sand in den Mund.
- Das Kind liegt draußen auf dem Bauch auf der Erde im Laub, legt den Kopf auf den Boden und schaut, wie es mit seinem Arm die Erde hin und her schiebt (ähnlich Schneeengel-Bewegung).
- Alle Kinder der Gruppe malen gerne mit Wasser und Pinsel auf der Wasserspuren-Matte und beobachten die Veränderungen, die sie dabei entstehen lassen.
- Das Kind sitzt auf einem Stein im Kies. Es stellt die Fersen in die Kieselsteine und lässt sich nach unten rutschen. Es beobachtet dabei, wie seine Füße die Kieselsteine wegschieben.

- Das Kind wäscht sich die Hände mit Seife. Das Wasser läuft nicht richtig ab. Der Schaum bleibt im Becken. Es fasst mit den Händen in den Schaum und beginnt, damit zu spielen, bis der Schaum weg ist.
- Das Kind malt mit dem Pinsel zunächst auf Papier und beginnt dann, sich auch die Hände anzumalen.
- Beim Weitsprung im Sandkasten schauen die Kinder nach: Wo bin ich gelandet?
- Das Kind macht Pipi in die Hose, läuft durch den Raum und um den Tisch. Dabei schaut es hinter sich und beobachtet die nasse Spur, die es dabei hinterlässt. Auch die anderen Kinder schauen interessiert zu.
- Das Kind sitzt im Singkreis auf dem Boden, neigt sich nach vorn, mit dem Kopf dicht über den Boden, und lässt Speichel aus dem Mund laufen. Danach betrachtet es den Fleck und wischt mit der Hand den Speichel über den Boden.

- Das Kind bemalt die Tafel hochkonzentriert mit Kreide, um sie danach wieder sauber zu wischen.
- Die Kinder sitzen nach dem Mittagessen am frisch abgewischten Tisch. Sie beginnen unmittelbar, mit Fingern und Händen Spuren über den feuchten Tisch zu ziehen.
- Die Lieblingsbeschäftigung in der Eingewöhnungsphase des Kindes war Kneten. Es wurde für über zwei Wochen zum morgendlichen Ritual.
- Das Kind zeigt sich sehr ausdauernd beim Malen, Kleben und Kneten.
- Das Kind schlurft mit den Füßen durch das Laub und schaut immer wieder hinter sich.

TIPP

Als erstes Zusammentreffen der Projektgruppe kann die Erstellung eines Gruppenfotos dienen. Holen Sie die Projekt-Kinder aus der Krippengruppe und gehen Sie mit ihnen in einen separaten Raum oder nach draußen, wo sie ganz für sich sind. Vielleicht entsteht bei dieser Gelegenheit sogar schon ein Gruppenname oder die Kinder erfahren den Namen, den Sie sich für die Gruppe überlegt haben (je nach Entwicklungsstand). Nun können Sie den Kindern erklären: „Wir werden in der nächsten Zeit etwas Spannendes zusammen machen." Das Gruppenfoto kann dann beispielsweise – für die Kinder sichtbar – Teil der Elterninfowand bzw. des Dokumentationsbereichs sein oder jedem Kind mit nach Hause gegeben werden *(s. Beispiel Aushang Projektgruppe auf S. 32).*

Haben sich nun ein Thema und eine Projektgruppe gefunden, stellt sich die Frage:

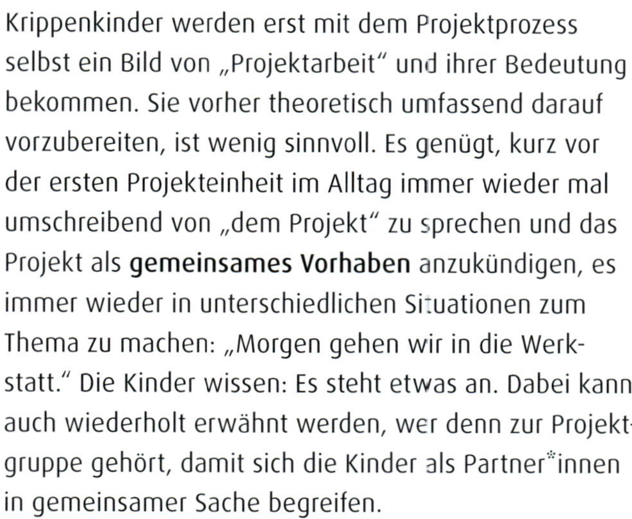

Wie komme ich mit den Kindern in den Prozess der Projektarbeit, ohne ihnen unser langfristiges Vorhaben der „Projektarbeit" erklären zu können?

Krippenkinder werden erst mit dem Projektprozess selbst ein Bild von „Projektarbeit" und ihrer Bedeutung bekommen. Sie vorher theoretisch umfassend darauf vorzubereiten, ist wenig sinnvoll. Es genügt, kurz vor der ersten Projekteinheit im Alltag immer wieder mal umschreibend von „dem Projekt" zu sprechen und das Projekt als **gemeinsames Vorhaben** anzukündigen, es immer wieder in unterschiedlichen Situationen zum Thema zu machen: „Morgen gehen wir in die Werkstatt." Die Kinder wissen: Es steht etwas an. Dabei kann auch wiederholt erwähnt werden, wer denn zur Projektgruppe gehört, damit sich die Kinder als Partner*innen in gemeinsamer Sache begreifen.

DIE SPURENFORSCHER*INNEN

Thema:

Künstlerische Ausdrucksformen
im gestalterisch-kreativen Bereich

Schwerpunkt:

Wir hinterlassen Spuren!

DAS SIND WIR!

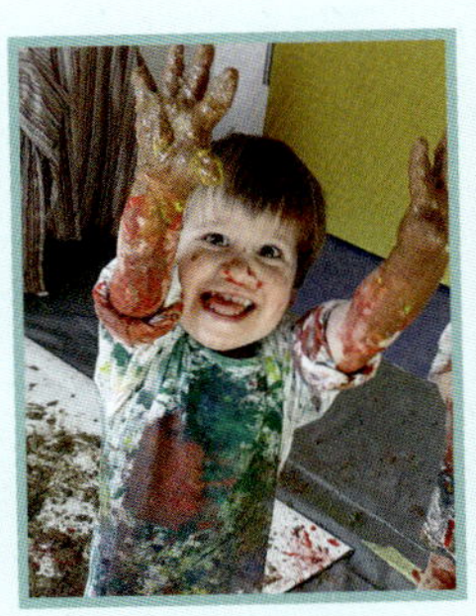

Maxim
(2 Jahre, 4 Monate)

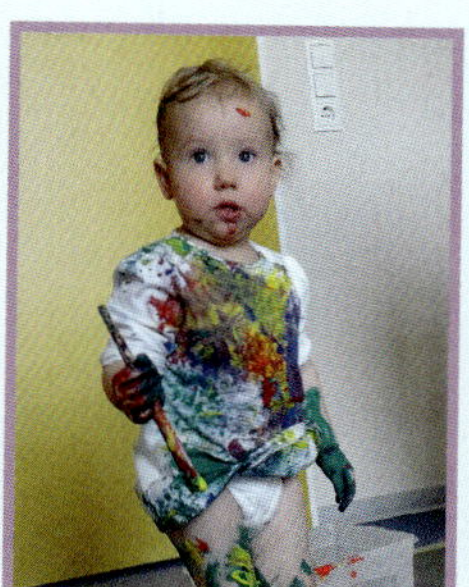

Linda
(1 Jahr, 9 Monate)

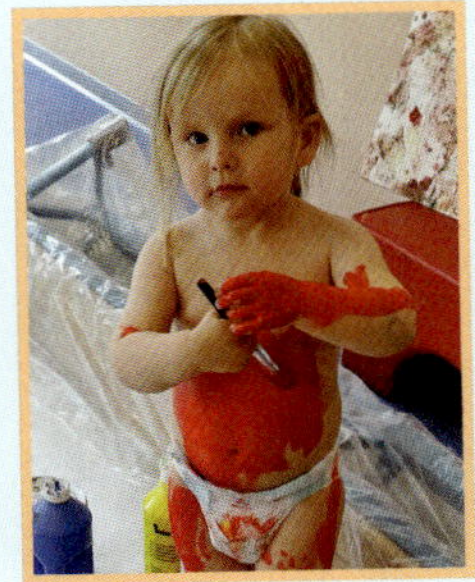

Anni
(1 Jahr, 10 Monate)

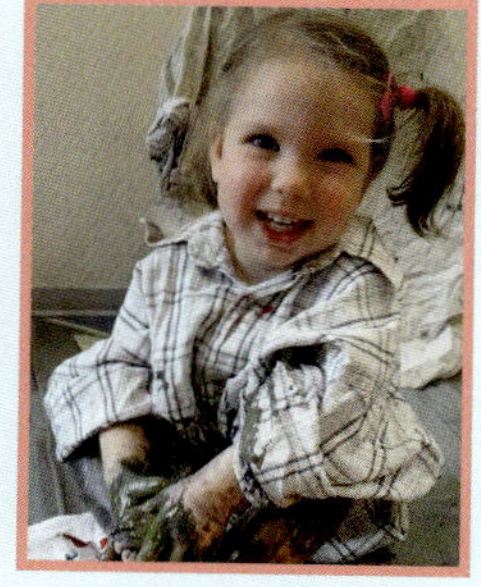

Carlotta
(1 Jahr, 9 Monate)

Aushang

Bald geht's los!

Beim Wickeln in der Eins-zu-Eins-Situation:

„Morgen gehen wir in den Wald, Carlotta, stimmt's? Linda und Maxim gehen mit, Anni, du und ich.

Beim Abholen:

Tschüss, Anni, bis morgen! Morgen gehen wir in den Wald!

Im Gruppengeschehen, beim Naseputzen:

Oh ja, Taschentücher dürfen wir auch nicht vergessen, wenn wir in den Wald gehen."

Doch nicht nur die Kinder müssen auf den Projektstart vorbereitet werden. Auch Sie als Projektbegleiter*in sollten sich fachlich einlesen. Dabei geht es nicht darum, sich alles Fachwissen zum gewählten Thema im Vorfeld anzueignen, um es dann den Kindern vermitteln zu können. Es geht vielmehr darum, sich selbst Hintergründe zu erarbeiten, passende methodische Anregungen einzuholen und mögliche Verknüpfungen zum Themenfeld herzustellen. Dieser Einleseprozess hilft zudem, **eine pädagogische Intention** für das Projekt aufzustellen und später Ziele für die einzelnen Projekteinheiten zu formulieren und Beobachtungsanlässe fachlicher wahrzunehmen.

Im Folgenden finden Sie nun beispielhaft eine **Zusammenstellung fachlicher Grundlagen** zum Thema „Künstlerische Ausdrucksformen im kreativ-gestalterischen Bereich", welche Sie an das Projekt der Spurenforscher*innen heranführen sollen. Dieses Fachwissen ist Voraussetzung, um im späteren Projektverlauf geeignete didaktische Methoden wählen zu können.

Fachliche Grundlagen

Thema: „Künstlerische Ausdrucksformen im gestalterisch-kreativen Bereich"

Durch die Aufnahme von „künstlerischen Ausdrucksformen im gestalterisch-kreativen Bereich" in die **Bildungs- und Erziehungsempfehlungen** wird das Phänomen „Kreativität" im Rahmen der Kunst mit Pädagogik und Bildung in Verbindung gebracht. Ursprünglich rückte das Thema „Kreativität" allerdings nicht aufgrund eines pädagogischen Interesses in den Forschungsblick. Die Kreativitätsforschung begann aufgrund eines technologischen Machtwettbewerbs der Weltmächte in den 1950er-Jahren („Sputnik-Schock"). Erst im Laufe der Zeit wurde die Bedeutung der Kreativität nicht mehr nur für wirtschaftswissenschaftliche Bereiche, sondern auch für die Bereiche von Bildung und Erziehung erkannt.[19]

Die Geschichte der Kreativitätsforschung zeigt, dass sich Kreativität keinesfalls nur auf künstlerisches Gestalten reduzieren lässt. *Daniela Braun* beschreibt die Vielschichtigkeit des Phänomens Kreativität und dessen Zusammenhänge sehr treffend mit dem Begriff „Bildungskomplex".[20] In den Bildungsplänen der deutschen Bundesländer wird der Bereich kreativer Bildungsprozesse uneinheitlich mit unterschiedlichsten Begriffen bezeichnet:

Begrifflichkeiten für Kreativität in den Bildungsplänen der deutschen Bundesländer

[19] Vgl. Braun, D., 2011, S. 13; vgl. Eid, K., Langer, M., Ruprecht, H., 2002
[20] Vgl. Braun, D., 2011, S. 104

Diese verwirrende Bezeichnungsvielfalt zeigt einerseits die Unklarheit, wo das kreative Element in Bildungsprozessen einzuordnen ist. Andererseits schafft sie eine Übersicht über die Bereiche der Pädagogik, in denen Kreativität eine Rolle spielt. Im Folgenden möchte ich die Komplexität des Kreativitätsbegriffs anschaulich darstellen.

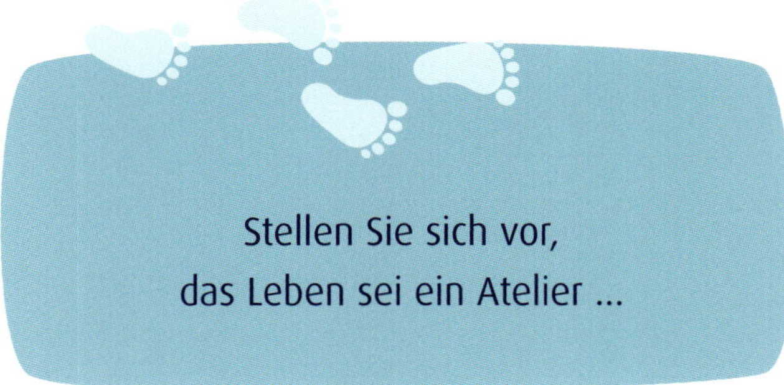

Jeder Mensch besitzt sein eigenes Atelier. Zu Beginn ist dieses leer und seine Aufgabe ist es, das Atelier im Laufe der Zeit ganz individuell zu gestalten.

Kreatives Potenzial als kognitive Fähigkeit zur Einrichtung des eigenen Ateliers hat jeder Mensch von Geburt an. Allerdings in unterschiedlicher Ausprägung und Intensität. Durch Faktoren wie erzieherische Einflüsse, Bildungsprozesse, Situationen und Bedingungen des persönlichen Umfelds kann die Entfaltung zu einer kreativen Persönlichkeit gefördert oder gehemmt werden.

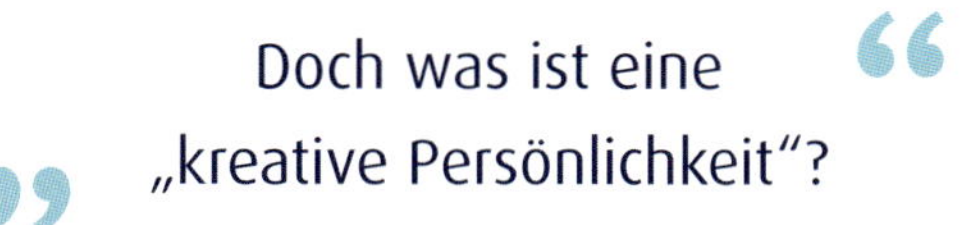

„Doch was ist eine „kreative Persönlichkeit"?"

Der Begriff **Kreativität** leitet sich ab von dem lateinischen Wort *creare*, was so viel wie „(er-)schaffen", „zeugen", „gebären" bedeutet. Kreativ zu sein bedeutet, bei der Lösung eines „Problems", einer Aufgabe oder Herausforderung, wie der Einrichtung des Ateliers, entweder etwas Neues zu entwickeln oder etwas Altes auf neue Weise zu interpretieren. Die Lösungsidee muss dabei nicht für die Welt neu sein. Es genügt, wenn sie für den*die Einzelne*n in seiner*ihrer Situation neuartig ist. Man spricht hierbei von „individueller" und „subjektiver Kreativität". Um dieses Neue zur Problemlösung hervorzubringen, erfordert es Offenheit und Flexibilität im Denken – man spricht in diesem Zusammenhang auch von „divergierendem" oder „kreativem Denken". Es wird in verschiedene Richtungen gedacht und nach mehreren Lösungsansätzen gesucht.

Kreativität basiert auf der Fähigkeit, bereits erlangte Erkenntnisse neu zu verbinden und Beziehungen zwischen den eigenen Gedanken und der Außenwelt herzustellen. Diese verknüpfende Art von gedanklicher Auseinandersetzung mit einem Problem und den dabei aufkommenden Vorstellungen von neuen Lösungsansätzen nennt man auch „Fantasie".

Um dann schlussendlich von Kreativität sprechen zu können, bedarf es der Umsetzung dieser Fantasiegedanken in Handlungen. Wobei wichtig ist, dass nur eigenständig entwickelte Denk- und Handlungsstrategien für echte Kreativität stehen. Trotzdem bezieht Kreativität auch den Zufall und die Inspiration ein. Denn wie sollte ein Neugeborenes sein Atelier einrichten, ohne zu wissen, wie man beispielsweise eines gestalten könnte? Es braucht die Inspiration, die Orientierung an anderen Ateliers, die bei ihm eigene Gestaltungsvorstellungen wachsen lassen.[21]

„Wie entstehen „Vorstellungen"?"

Frühkindliches Lernen ist implizites Lernen und wird vom Kind selbst nicht bewusst als Lernen wahrgenommen. Es begegnet den Phänomenen seiner Umwelt mit natürlicher Neugier, mit Staunen und Freude und eignet sich dadurch die Wirklichkeit auf verschiedenste Weise an. Vor allem in den ersten drei Lebensjahren spielt beim „Be-greifen" der Welt die **sinnliche Wahrnehmung** die absolut grundlegendste Rolle. An diesem Punkt des Kreativitätskomplexes kommt die **ästhetische Erziehung** ins Spiel. „Ästhetik" leitet sich ab von dem griechischen Wort *aisthesis* für „sinnliche Wahrnehmung/Erfahrung".

[21] Vgl. Braun, D., 2007; vgl. Braun, D., 2011

Ästhetisch sind **Materialien**, die es ermöglichen, über sinnliche Wahrnehmung Erkenntnisse zu sammeln und so Wissen zu erlangen. Das Kind nimmt etwas wahr, interpretiert einen persönlichen Sinn und Zusammenhang hinein und bekommt eine subjektive Vorstellung von der Umwelt. Schlägt man nun eine Brücke zur „Bildung" im Sinne des mittelhochdeutschen *Bildunge* (für „Bildnis", „Gestalt", „sinnliche Vorstellung", „Vorstellungskraft"), ist Ästhetik genau das: Bildung. Ästhetik bietet Kindern die Möglichkeit, sinnliche, emotionale Empfindungen mit rationaler Erkenntnis zu verbinden und somit ganzheitliche und nachhaltige Lernerfahrungen zu erlangen.

Es gebe keine Kognition ohne Emotion, meinen *Stanley Schachter* und *Jerome Singer* und betonen damit die notwendige emotionale Begleitung des Kindes.[22] Auch sind **künstlerische Prozesse** in der Regel mit positiven Emotionen verbunden und gerade deshalb wichtig für Lernprozesse. So sind ästhetische Wahrnehmungs- und Deutungsprozesse die grundlegende Basis kreativer Kompetenzen. Die Kinder werden in ihrer Wahrnehmungs- und Problemlösesensitivität gefördert. Über ästhetische Erziehung wird zunächst die aktive sinnliche **Wahrnehmung** gefördert, dann das daraus hervorgehende **Vorstellungs**vermögen, welches sich später zur **Fantasie** entwickelt, die schließlich in der ausführenden **Kreativität** ihre Vollendung findet.

Kinder brauchen die ganzheitliche Auseinandersetzung mit der Welt und unterschiedlichen Ateliers, um Kenntnisse und Kompetenzen als Werkzeuge zur Gestaltung des eigenen zu erwerben, wobei sich ihr kreatives Potenzial weiterentwickeln kann. Dabei gilt: Je mehr gesammelte Erfahrungen, desto mehr Verknüpfungen können entstehen und desto mehr Kreativität ist möglich.

Kreative Prozesse lassen Kinder Erfahrungen in allen Kompetenzbereichen gewinnen. Überträgt das Kind diese auch auf andere Lebensbereiche, spricht man von der „Lebensgestaltungskompetenz", der Handlungskompetenz, sein Atelier eigenständig individuell zu gestalten. Und genau das ist der Bildungsauftrag: Kinder zu handlungskompetenten Persönlichkeiten zu erziehen.[23]

[22] Vgl. Braun, D., 2011, S. 52

[23] Vgl. Braun, D., 2007; Dienstbier, A., 2016

Persönliche Gestaltung des eigenen Ateliers

Baumarkt
(Inspiration)

Wahrnehmung	Vorstellungsvermögen	Fantasie	Kreativität
Erkenntnisgewinn durch sinnliche Wahrnehmung *(ästhetische Erfahrungen)* ↓ implizites Lernen	Erfahrungen durch sinnliche Empfindung + Inspiration + Zufall mit rationaler Erkenntnis verbinden ↓ sich entwickelndes Vorstellungsvermögen	gedankliche Auseinandersetzung mit einem Problem ↓ Bisher erlangte Kenntnisse werden verknüpft. ↓ Vorstellung von neuen Lösungsansätzen	Umsetzung eigenständig oder durch Inspiration entwickelter Strategien *(Fantasie)* in Handlung

Problem → **Problemlösung**

Problemlöseprozess:
Lösungsansätze suchen durch divergierendes und kreatives Denken – Ziel ist es, eine für sich neue Idee zu entwickeln.

Kreativität lässt sich also keinesfalls nur auf künstlerisches Gestalten reduzieren. Es stellt aber einen sinnvollen methodischen Zugang zur Förderung von Kreativität dar. Ziel ist es nicht, Kinder zu Künstler*innen zu machen. **Ästhetische Bildung** ist für die ganzheitlichen frühkindlichen Bildungsprozesse und die Persönlichkeitsentwicklung von elementarer Bedeutung. Wenn sich künstlerische Prozesse entwickeln, werden individuelle Bildungserlebnisse geschaffen, die sich zwischen Spielen, Experimentieren, Wahrnehmen, Gestalten und Ausdrücken bewegen.[24]

Besonders im frühen Kindesalter bietet der gestalterisch-kreative Bereich einen geeigneten Rahmen, um vielfältige Erfahrungen und Erkenntnisse zu gewinnen, die den Kindern eine Basis für ihre auf lange Sicht angestrebte Lebenskompetenz sind.[25]

[24] Vgl. Winderlich, K., 2010, S. 7
[25] Vgl. Braun, D., 2011, S. 52, 104

Kreativität im Blick der Gesellschaft

Unsere heutige Gesellschaft stellt im Hinblick auf Kreativität ein Paradoxon dar. Einerseits verlangt sie durch den rasanten technischen, wirtschaftlichen und gesellschaftlichen Wandel Kreativität als **absolute Schlüsselkompetenz**. Menschen mit dieser Kompetenz fällt es leichter, mit Änderungen und Herausforderungen eigenständig und lösungsorientiert umzugehen. Andererseits schafft unsere Gesellschaft durch das Streben nach einer perfektionierten Welt, den hohen Hygienestandard, die überwiegend homogene Gruppeneinteilung, durch vorgefertigte Lernumgebungen, in denen Kinder nur noch konsumieren müssen und ständig unter Beobachtung stehen, erschwerte Verhältnisse für Kinder, sich zu kreativen Persönlichkeiten zu entwickeln. Grundsätzlich haben allerdings gerade Kinder sehr günstige Voraussetzungen zur Entwicklung von Kreativität. Ihre natürliche Neugier, ihre Beharrlichkeit beim Forschen, ihre fast urteilsfreie Sammlung von Ideen und Möglichkeiten, ihre Spontaneität und Aufnahmebereitschaft sind unter anderem Eigenschaften, die die (bewusste und unbewusste) Produktion kreativer Leistungen begünstigen. Diese gilt es, durch kreativ-ästhetische Exploration zu stärken und zu fördern.[26]

Wir hinterlassen Spuren!

Mit dem im Folgenden beschriebenen **Projektschwerpunkt** „Wir hinterlassen Spuren!" habe ich an der ästhetischen Materialerfahrung und der Entwicklung der Selbstwirksamkeit angesetzt. Kreativ-ästhetische Erfahrungen, die die Kinder im bildnerischen Gestalten ganzheitlich erleben, sind wichtige Bildungsprozesse im kognitiven, sozialen, emotionalen und sachlichen Bereich. Das Kind erfährt sich selbst im Umgang mit Materialien. Die eigene Identität – das unverwechselbare Selbst mit seinen Fähigkeiten und Stärken, mit denen es seine Umwelt beeinflussen kann – werden dabei erfahrbar und wirken sich positiv auf das Selbstkonzept aus:[27]

> Ich kann Spuren in meiner Umwelt hinterlassen, diese verändern und meine Fähigkeit zum eigenaktiven Handeln sichtbar machen.

[26] Vgl. Braun, D., 2011, S. 18; Stramer-Brandt, P., 2013

[27] Vgl. Braun, D., 2007, S. 102

Projektschwerpunkt: „Wir hinterlassen Spuren!"

In ihren elementaren Tätigkeiten lassen Kinder Gegenstände fallen, transportieren sie oder verbinden sie miteinander – immer mit dem Ziel, dabei einen Effekt zu erzeugen, das heißt, eine Zustandsveränderung durch das eigene Tun hervorzurufen.

> „Die Spur, die ich durch diese Zustandsveränderung hinterlassen habe, zeigt, dass ich da war und die Welt verändert habe."

Darum geht es den Kindern in den ersten drei Lebensjahren auch beim Malen, Zeichnen und bildnerischen Gestalten. Genauso individuell wie die*der Spurenhinterlassende*r selbst sind dabei ihre*seine Spuren: Es sind individuelle „Erfahrungs- und Denkspuren".[28] Ästhetische Materialien, die Reize bieten, haben in diesem Zusammenhang einen hohen Aufforderungscharakter für Kinder, da sie mit solchen eine gut sichtbare, meist bleibende Zustandsveränderung bewirken können.

Wenn Bewegung und der Umgang mit verschiedensten Materialien beim Spurenhinterlassen kombiniert werden, ergibt sich für die Kinder ein **Erfahrungsgewinn auf mehreren Ebenen**. Zum einen erfahren sie das Material. Bearbeiten Kinder Materialien mit Gestaltungswerkzeugen oder ihrem Körper, erkunden sie sowohl Eigenschaften von Flächen als auch von Materialien. Ästhetische Materialien vermitteln Kindern ganzheitliche Erfahrungen und Sinneseindrücke. Für manche ist es eine große Herausforderung, sich darauf einzulassen. Die Lebensumwelt der Kinder ist eine reinliche Gesellschaft, in der Hygiene einen hohen Stellenwert hat. Sie ist unberührbarer und unbegreifbarer geworden. So haben manche Kinder stark betonte Sauberkeitsnormen verinnerlicht und es gilt, diese im Prozess aufzubrechen, damit sie zwischen Schmutz und ungewohnten, sich feucht, glibberig oder schmierig anfühlenden Materialien unterscheiden lernen. Sie brauchen ganzheitliche

ästhetische Erfahrungen, um Vorstellungen zu entwickeln, sich zu entfalten und die Welt zu begreifen. Umso wichtiger ist es, den Kindern in Krippe und Kita solche Erlebnisse zu ermöglichen. Auch spielt Materialerfahrung in der **Sprachentwicklung von Kindern** eine große Rolle (s. S. 22 f.).

Wenn Spurenhinterlassen die Kombination von Material und Körperbewegung ist, so erfahren Kinder dabei neben dem Gestaltungsmaterial auch ihren **eigenen Körper**, ihre Identität und ihre Emotionen. Sie erfahren zudem, welche Fähigkeiten sie haben. In den ersten drei Lebensjahren beziehen Kinder im ästhetischen Gestalten gerne ihren ganzen Körper mit ein, indem sie sich z. B. von Kopf bis Fuß anmalen. Dabei spüren sie sich selbst: Was gehört zu mir, zu meinem Körper? Spuren hinterlassen heißt also Körpererfahrung und Materialerfahrung durch ganzheitliche Wahrnehmung. Näher gehe ich ab S. 45 auf das Prinzip der Ganzheitlichkeit ein.

Die wesentlichste und grundlegendste Erfahrung, die Kinder in einem kreativen Prozess machen können, ist, das Bewusstsein über ihre eigenen Fähigkeiten, ihre eigene **Selbstwirksamkeit**, zu erlangen. Dieses ist Basis und Motivation für das Angehen neuer Herausforderungen, auch in anderen Lebensbereichen. Nur so sind die Kinder in der Lage, eine Problemlöse- und Lebenskompetenz zu erwerben. Es besteht die Chance auf die Entwicklung eines positiven Selbstkonzepts, verbunden mit Selbstwertgefühl und dem Vertrauen in die eigenen

[28] Vgl. Dienstbier, A., 2016, S. 86

Fähigkeiten. Denn kreative Prozesse erfordern zunächst den Mut, eine **Herausforderung** anzunehmen. Man weiß nie, ob es im Erfolg oder im „Fehlschlag" endet. Sofortiges Gelingen stärkt das positive Selbstkonzept direkt. Doch auch „Scheitern" kann, und vielleicht noch viel intensiver, zu stärkendem Erfolgsgefühl führen, wenn man mit Durchhaltevermögen, Frustrationstoleranz und Mut zum Unkonventionellen doch etwas erreicht. Die Erfahrung, die das Kind beim Spurenhinterlassen macht, nämlich selbst aus der eigenen Fähigkeit heraus seine Umwelt verändern zu können, lässt sein positives Selbstkonzept wachsen und das Kind dadurch resilienter werden.[29]

Entwicklungspsychologische Grundlagen

Kindliche Exploration entwickelt sich von innen nach außen, d. h. vom eigenen Selbst zum sozialen und materiellen Umfeld. Das Kind erweitert seinen **Explorationsradius** mit zunehmender emotionaler Sicherheit und motorischer und kognitiver Entwicklung. Alles kann für Kinder zum Erfahrungsobjekt werden. Das erste ist der eigene Körper, den sie genau untersuchen. Noch vor Ende der ersten sechs Monate werden Gegenstände in dieses Bewegungsspiel miteinbezogen: Rasseln und andere Dinge werden bewegt, Gegenstände werden zum Mund geführt und mit Lippen, Kiefer und Zunge untersucht und betastet. Zwischen dem 6. und 8. Lebensmonat beginnt die Lokomotion (Fortbewegung) des Kindes. Es krabbelt, robbt oder rollt und hat so die Möglichkeit, nun auch seine Umwelt mit naturgegebener Neugier selbstständig zu erkunden. Durch die immer weiter fortschreitende Entwicklung der Mobilität ist das Kind in der Lage, sich selbsttätig weitere Entwicklungsreize zu suchen. Ausgangspunkt jeglicher Exploration ist allerdings stets der eigene Körper und das eigene Ich.[30]

Die Lust am Spurenhinterlassen wird beim Kind immer per Zufallseffekt geweckt:

> “Das Kind erzeugt zufällig sichtbare Spuren auf einer Oberfläche, indem es eine Gebärde in Verbindung mit einem Material ausführt.[31]”

Im ersten Lebensjahr erkennt das Kind den Zusammenhang zwischen **Ursache** (Gebärde seiner Hand) und **Wirkung** (dadurch entstandene Spur). Hat das Kind diese Relation erkannt und ist es motorisch in der Lage, durch bewusste Wiederholung der entsprechenden Bewegung gezielte Spuren mit einem Material zu erzeugen, ist das bereits eine der ersten Erfahrungen des Ichs. Der Zufallseffekt wird zum gezielten Effekt.

[29] Vgl. Braun, D., 2007, S. 97; Braun, D., 2011, S. 28–30; Dienstbier, A., 2016, S. 85
[30] Vgl. Böcker, N., 2019
[31] Vgl. Braun, D., 2007, S. 106

Das Kind erweitert seinen Explorationsradius mit zunehmender motorischer und kognitiver Entwicklung.

Die **Erfahrung des Ichs** wird dadurch unterstützt, dass Kinder in den ersten drei Lebensjahren beim Malen mit Farbe oft auch ihren Körper miteinbeziehen. Maxim, Carlotta, Linda und Anni, die Kinder unserer Projektgruppe, befanden sich in der ersten Phase der kindlichen Bildsprache, der sogenannten „Kritzelphase" (Ende 1. bis Ende 3. Lebensjahr). In dieser Phase bemerken Kinder, dass ihr Stift oder Pinsel Spuren hinterlässt. Ihre nun beginnende Zeichenmotivation besteht in der Freude an der Bewegung (motorische Lust), in der Lust am Spurenhinterlassen und in ihrer natürlichen Neugier. Eine Darstellungsabsicht haben sie noch nicht. Es ist eine reine Experimentierphase, bei der es um motorische Entwicklung und kinästhetische Erfahrungen durch Exploration geht.

Die Kinder sammeln Erfahrungen, die sie später in den folgenden Phasen der kindlichen Bildsprache gezielt einsetzen können. Handmotorik, Kraft-Druck-Einsatz, Bewegungskoordination und -kontrolle sowie Auge-Hand-Koordination sind noch nicht vollständig ausgebildet. Durch Wiederholung entwickeln sich Fähigkeiten und Fertigkeiten der Kinder weiter. Anfangs zeichnen sie aus dem rotierenden Raumgefühl heraus mit dem ganzen Körper. Dann verlagert sich der Bewegungsdrehpunkt und es entstehen immer differenziertere Bewegungen. Die Entwicklung der Handmotorik verläuft von dem grobmotorischen Faustgriff über den Pfötchengriff hin zum feinmotorischen Pinzettengriff.

Im Verändern ihrer Lebensumwelt erfahren Kinder sich in ihrem Körper als selbstwirksam. Ihre Spuren lassen die Selbstwirksamkeit der Kinder sichtbar werden. Wenn Kinder sicher werden in ihrem Gefühl, selbstwirksam in der Welt agieren zu können, rückt Selbstwirksamkeit besonders in den Mittelpunkt. Dies geschieht um das 3. Lebensjahr. Das Kind kommt in die Autonomiephase und möchte so viel wie möglich selbst tun. Diesem Bestreben kann in kreativen Prozessen Raum gegeben werden.[32]

Intention

Nachdem Sie sich in das Projektthema fachlich eingearbeitet haben, sollten Sie Ihre **didaktischen Projektziele** ausarbeiten:

Was wollen Sie für die Projektgruppe und für die einzelnen Kinder im Prozess erreichen?

Welche Intention, welche Absicht, haben Sie als pädagogische Fachkraft, die das Projekt begleitet?

Die Festlegung auf bestimmte Ziele steht keinesfalls dem offenen, partizipativen Rahmen der Projektarbeit im Wege. Die Intention sollten Sie lediglich als Orientierungspunkt während des gesamten Projektprozesses im Blick behalten. Wie die Ziele erreicht werden, ergibt sich größtenteils im individuellen Projektprozess. Das Herausarbeiten und Verfassen der eigenen Ziele ist die Basis pädagogisch-fachlichen Handelns. Sie müssen sich Ihrer Ziele bewusst werden, um den Prozess professionell beobachten und begleiten zu können.

Meine Intention in dem Projekt „Wir hinterlassen Spuren!" war es, ganzheitliche Materialerfahrungen zu ermöglichen, die die Kinder in ihrer Körperwahrnehmung stärken und die bewirken, dass die Kinder sich selbstwirksam erleben. Dabei sollte die Freude am eigenen Tun im Zentrum stehen und das positive Selbstkonzept der Kinder gestärkt werden. Beim gemeinsamen Erforschen von Farben und verschiedensten Materialeigenschaften sollten ganz eigene, individuelle Spuren hinterlassen werden können. Mein Ziel war es, den Kindern die abstrakte, teils sterile Welt begreifbar zu machen.

Das Projekt sollte ihnen Raum geben, ihre aktuellen Bedürfnisse ausleben zu können. Da ich bei meinen Beobachtungen feststellte, dass die Kinder unter anderem ein großes Bedürfnis nach Bewegung hatten und viel Freude daran zeigten, war es mir wichtig, ihnen viel Raum in ihrer Aktivität zu geben. Sie sollten möglichst großflächig arbeiten können. Ich wollte kreatives Gestalten und Bewegung miteinander kombinieren, was den Kindern bisher im Gruppenraum eher verwehrt geblieben war. Somit wurde auch die Raumgestaltung Teil des Projekts. Es sollte ein geeigneter Ort für kreatives Ausprobieren in Bewegung im Alltag geschaffen werden. In einem neu gestalteten Teil des Krippenraumes sollten die Kinder einen Bereich bekommen, der das eingeengte Arbeiten im Sitzen am Tisch auflöste und ihnen einen selbstständigen Zugang zu Materialien ermöglichte.

Diese Gedanken und das Wissen um die Bedeutung der kindlichen Entwicklungsbedürfnisse und -schritte im Zusammenhang mit kreativ-ästhetischen Erfahrungen wollte ich auch den Eltern in angemessenem Umfang transparent machen. Ich wollte ein Bewusstsein und Verständnis für den **Bildungswert** kreativer Arbeit wecken und den Eltern Anregungen geben, wie auch sie kreatives Modell sein können. Ich selbst hatte den Wunsch, dass ich bei den Kindern als ihre Begleiterin für sie wertvolle Spuren hinterlassen würde, dass das Projekt mir und den Eltern einen Perspektivwechsel ermöglichen und wir so auf ganz besondere Weise den Spuren der Kinder folgen könnten.

[32] Vgl. Braun, D., 2007, S. 97–108; vgl. Braun, D., 2011, S. 28–30; Vgl. Dienstbier, A., 2016, S. 85; vgl. Bareis, A., 1992

Pädagogische Intention

sterile, hygienebewusste Welt **„be-greifbar“** werden lassen

kreativ-ästhetische Erfahrungen
- in **Bewegung**
- im **Alltag**: Umgestaltung des Gruppenraumes

→ ganzheitliche Materialerfahrung
→ Stärkung der Körperwahrnehmung
→ Erleben der eigenen Selbstwirksamkeit

Elternarbeit
- Bewusstsein für den Bildungswert kreativer Arbeit wecken
- Hintergründe transparent machen
- Anregungen geben

Feste Bestandteile und Rituale der Projekteinheiten

Vor der ersten Projekteinheit
Nach der Themenfindungsphase sollten Sie die Eltern über das anstehende Projekt informieren. Dabei sollten sowohl die Eltern der Projekt-Kinder als auch die Eltern der Krippenkinder, die nicht direkt am Projekt teilnehmen, bedacht werden (s. Vorlage S. 118 ff.). Für das geplante Spuren-Projekt war mir wichtig, alle Eltern über die Methode der Projektarbeit aufzuklären, damit sie den Prozess mit seinen Hintergründen nachvollziehen konnten.

Auch können zu diesem Zeitpunkt der Projektarbeit die Eltern bereits zum ersten Mal miteinbezogen werden. Ich bat die **Projekt-Eltern**, einen dem Elternbrief beigelegten Beobachtungsbogen auszufüllen (s. Vorlage S. 117). Dabei ging es um ihre Beobachtungen, mit welchen Materialien sich ihr Kind zu Hause beschäftigt. Dies ermöglichte mir einen umfassenderen Blick auf die Kinder und ließ die Eltern als Expert*innen ihrer Kinder von Anfang an Teil des Projekts sein. Nach dem Projekt sollten die Eltern den gleichen Bogen nochmals ausfüllen, um das Explorationsverhalten der Kinder vor und nach dem Projekt zu vergleichen.

TIPP

Sollten Sie zu Dokumentations- und/oder Reflexionszwecken Fotos von der Projektarbeit anfertigen wollen, bedarf es ggf. einer elterlichen Einverständniserklärung. Vielleicht liegt in Ihrer Einrichtung solch eine Einverständniserklärung schon dem Betreuungsvertrag bei. Klären Sie dennoch mit der Einrichtungsleitung ab, ob ein gesondertes Einverständnis notwendig ist. Vor allem für Berufspraktikant*innen, die Bildmaterial für ihre Fachschule benötigen, spielt dieser Punkt eine wichtige Rolle.

Beispiel

ELTERNBEOBACHTUNGSBOGEN

Wir als Eltern konnten zu Hause beobachten, dass Frida (Name des Kindes) auf die nachfolgend beschriebene Weise großes Interesse im Umgang mit folgenden Objekten zeigt:

Materialien/Gegenstände/ eigener Körper	Was macht mein Kind damit? Auf welche Art und Weise erkundet es seine Welt?
Fensterscheibe	drückt sich die Nase an der Scheibe platt bzw. drückt die Hände an die Scheibe und schaut sich die Abdrücke an
Wasser auf dem Tisch	wischt mit den Händen durch die Pfütze, schüttet noch mehr Wasser aus dem Trinkbecher, beobachtet, wohin das Wasser läuft und ob es auf den Boden tropft
Kreide	taucht die Kreidestücke ins Wasser und bemalt anschließend Gegenstände und Körperteile damit
Steine	Steine werden in eine Reihe gelegt
Seife	Einseifen und Abwaschen von Gegenständen
Knete	drückt mit den Zeigefingern kleine Löcher in die Knete
Brot	zerpflückt das Brot in kleine Krümel, gibt diese in ihr Trinkglas und beobachtet, wie sie sich auflösen
Tisch abwischen	wischt den Tisch mit einem feuchten Lappen und beobachtet immer wieder die Spur, die der Lappen hinterlässt
Schaum	pustet in den Seifenschaum und verteilt ihn auf dem ganzen Körper
Schneckenhäuser	tritt auf Schneckenhäuser und schaut sich genau an, wie sie danach aussehen

Vielen Dank für Ihre Mithilfe und die Zeit, die Sie sich nehmen!

TIPP

Überlegen Sie frühzeitig, in welcher Räumlichkeit die Projektarbeit stattfinden soll, und sprechen Sie sich diesbezüglich mit dem Team und der Einrichtungsleitung ab.

Mit Beginn des Spuren-Projekts wurde in der Kita ein fester Werkstatttag für die Krippenkinder eingeführt. Zuvor stand die Werkstatt eher den Kita-Kindern zur Verfügung.

Die Planung der Projekteinheiten fand anfangs noch nicht aktiv und gezielt gemeinsam mit den Kindern statt, da die Methode der Projektarbeit für meine Gruppe noch unbekannt war. Zum Zeitpunkt des Projektbeginns konnte sich zudem nur ein Kind der Gruppe sprachlich äußern. Damit nicht nur die geäußerten Interessen dieses Kindes im Projekt berücksichtigt wurden, waren meine Beobachtungen umso wichtiger, ebenso diverse Reflexions- und Dokumentationsmethoden, die alle Kinder aktiv nutzen konnten. Auf dieser Grundlage plante ich die Projekteinheiten. Dem Entwicklungsstand der Kinder entsprechend, sollte dann die Partizipationsstufe bei der Planung Stück für Stück erhöht werden.

Raum und Zeit

Rituale und Wiederholungen sind für Kinder besonders wichtig. Sie geben Sicherheit und Orientierung, sind Signale und bieten den Kindern im Bekannten die Möglichkeit, sich als kompetent zu erleben. Es ist schön, wenn die Kinder mit diesem Gefühl in die Projekteinheiten hinein- und auch wieder aus ihnen herausgehen. Deshalb sind ritualisierte Abläufe und Handlungen vor allem zu Beginn und zum Abschluss der jeweiligen Einheiten sinnvoll. Dazu kann bereits gehören, dass die Projekteinheiten beispielsweise immer an einem festen Tag in der Woche zur selben Zeit im selben Raum stattfinden. Ausnahmen gibt es natürlich situationsbedingt und können sehr bereichernd sein. Die Spurenforscher*innen gingen jeden Mittwoch nach dem Frühstück (ca. 09.45 Uhr) in die Werkstatt und kamen gewaschen vor dem Mittagessen wieder in die Gruppe zurück (ca. 11 Uhr).

Grundlagen im Aufbau der Projekteinheiten

Beginn

Die Treffen fanden einmal pro Woche statt, damit den Kindern in der Zwischenzeit genug Raum blieb, ihre Erfahrungen zu verarbeiten und Erkenntnisse im Alltag zu vertiefen. Bei jeder Projekteinheit trugen sie selbst gestaltete **Malshirts**. Diese hingen in der übrigen Zeit im Kreativbereich des Gruppenraums an Wäscheklammern mit einem Foto des jeweiligen Kindes in Kinderhöhe. Auch ich trug ein solches Malshirt, welches mich als Teil der Forschergruppe charakterisierte. Das Anziehen der Shirts signalisierte den Beginn einer neuen Projekteinheit.

Einleitung und Schluss fanden ritualisiert im Sitzkreis statt. Es war die Zeit des Sammelns, sowohl physisch als Gruppe als auch gedanklich. Zum Ankommen führte ich die **„Farbkleckskarte“** (s. Vorlage S. 125) ein. Sie diente der Stärkung des Gruppenbewusstseins, indem sie visualisierte, wer zur Gruppe gehörte.

Sind denn alle da?

Um das herauszufinden, schauten wir uns die Fotos der Gruppenmitglieder auf der Farbkleckskarte an und jedes Kind machte zu seinem Foto einen Fingerabdruck mit

Farbe. Darbietend erzählte ich kurz, worum es bei dieser Einheit gehen sollte, und ließ weitere Informationen zwischendurch „in kleinen Dosen" einfließen, um die Aufnahmefähigkeit der Kinder nicht zu überlasten. Zur Überleitung in den Hauptteil legte ich prägnante Gegenstände und Fotos von Situationen der letzten Einheit in die Mitte, die den Impuls für die neue Einheit gegeben hatten. Diese sollten das vorherige Treffen in Erinnerung rufen, den Bezug zum aktuellen deutlich machen und auch den Kindern, die noch nicht oder nur wenig sprechen konnten, die Chance geben, durch Zeigen zu „erzählen" (Prinzip der Anschauung, Differenzierung und Individualisierung).

Hauptteil

Im Rahmen der Projektarbeit wurden die Einheiten offen und prozessorientiert geplant. Dementsprechend und hinsichtlich meiner Zielgruppe arbeitete ich in den Hauptteilen der Einheiten nach dem **entdecken lassenden Lehrverfahren im offenen Arbeiten** als Aktivitätsform. Der Fokus liegt in den ersten drei Lebensjahren auf dem selbstaktiven Forschen, welches dabei gut ermöglicht werden kann. Zum gemeinsamen Explorieren saßen die Projekt-Kinder und ich oft im großen Kreis. Kinder dieser Altersgruppe forschen eher nebeneinander (s. S. 20), weshalb ich für den Hauptteil Einzelarbeit in der Gruppe als Sozialform wählte. So konnte jede*r die anderen beobachten, sich Impulse holen, nachahmen und doch für sich forschen – immer mit der Möglichkeit, auch zusammenzuarbeiten. Bei der Umsetzung der Inhalte beachtete ich im Hinblick auf die Zielgruppe der unter 3-Jährigen besonders folgende Lernprinzipien:

Kinder zeigen in den ersten drei Lebensjahren ein besonders ausgeprägtes Explorationsverhalten mit allen Sinnen. Bis zum 7. Lebensjahr befinden sie sich in der konkret anschaulichen Entwicklungsphase. Das **Prinzip der Anschauung** ist daher elementar und zog sich fest durch die Projekteinheiten und Dokumentations- und Reflexionsmethoden. Alle innerhalb der Projekteinheiten zum Einsatz kommenden Verbrauchs- und Arbeitsmaterialien zeigte ich den Kindern und ließ sie sie nach dem **Prinzip der Ganzheitlichkeit** erfahren. Denn Kinder unter 3 Jahren brauchen die direkten Sinnesempfindungen durch eine ganzheitliche Auseinandersetzung mit ihrer Umwelt, damit sie Vorstellungen und innere Bilder entwickeln können. Diese Vorstellungen werden differenzierter, je ganzheitlicher und vielfältiger Dinge wahrgenommen werden können – visuell, auditiv, taktil, kinästhetisch, vestibulär, gustatorisch, olfaktorisch. Dinge müssen in ihrer Ganzheit erfasst werden und nicht in einzelnen, abgespaltenen Aspekten. Denn Lernen geschieht im Zusammenspiel von Wissen, Emotionen und körperlich-sinnlichen Erfahrungen. Alle Sinne und Lernbereiche müssen verknüpft angesprochen werden, damit die Kinder als gesamte Persönlichkeit lernen und sich entwickeln können. Kinder lernen am effektivsten und nachhaltigsten, wenn sie etwas selbst tun.

Ihren natürlichen Drang der aktiven, neugierigen Exploration wollte ich in diesem Projekt nach dem **Prinzip der Aktivität im praktischen Tun** fördern. Ich achtete darauf, dass die Kinder ausreichend Bewegungsraum hatten und selbst aktiv forschen durften. Durch der Entwicklung entsprechende Impulse, Vorbereitung und Materialauswahl schuf ich ein Umfeld, in dem die Kinder aktiv Erfahrungen sammeln konnten, die Basis für sich entwickelndes, zielgerichtetes Denken und Handeln sind.

Damit Lernerfahrungen nachhaltig im Gedächtnis bleiben, braucht es Wiederholungen. Man spricht hierbei vom **Prinzip der Übung**. Wiederholungen führen zur Aktivierung und Festigung von Nervenbahnen. In ihrem individuellen Rhythmus „üben" und wiederholen Kinder so lange, bis sie etwas für sich ausreichend erfasst haben oder beherrschen. Zur Festigung von Lerninhalten bedarf es Wiederholung der gleichen Tätigkeit, Wiederholung mit kleinen Veränderungen und Wiederholung mit höheren Schwierigkeitsgraden. Ich achtete deshalb während der Projektarbeit darauf, den Kindern Zeit für Wiederholungen zu geben, sie in ihrem Tun aufmerksam zu beobachten und sie nicht durch ständig neue Impulse aus ihrem Lernprozess herauszuholen.

[33] Vgl. Fthenakis, W. E. et al., 2009; vgl. Gartinger, S., 2014; vgl. Keßel, P., 2014, S. 23-27; vgl. Spitzer, M., 2012, S. 26-29; vgl. Zeissner, G., 1979

Manche Kinder brauchen Zeit, bis sie sich auf Aktionen einlassen können, weshalb stets das **Prinzip der Freiwilligkeit** gelten sollte. Generell habe ich während der Projektarbeit darauf Wert gelegt, die Treffen entwicklungsorientiert und somit differenziert und individualisiert nach den **Prinzipien der Teilschritte** und der **Lebensnähe** zu gestalten.[33]

Abschluss

Am Ende der Projekteinheiten kam meist eine Dokumentationsbox – die **„Spurenbox"** – zum Einsatz. Jedes Kind wurde im Sitzkreis gefragt, ob es etwas, was es in der Einheit benutzt hat, in die Box legen wollte. Es durfte sagen oder zeigen, was es damit gemacht hatte. Hierbei fand bereits die erste Reflexion statt. Die Box sollte den Kindern anschließend im Kreativbereich des Gruppenraums zum vertiefenden Forschen im Alltag zur Verfügung stehen.

Foto: Emilia Schmidt

Als weiteres Abschlussritual hat sich während des Projekts das gemeinsame **„Sich-selbst-Waschen"** mit Waschlappen entwickelt. Dies entstand aus der Situation, dass es in der Nähe der Werkstatt keine Dusche gab und die Kinder mit einem Waschlappen zunächst abgewaschen wurden, bevor es zum Baden in den Wickelraum eine Etage höher ging. Das wollten sie immer selbst tun. Die Kinder spürten und sahen beim Rubbeln mit ihrem Waschlappen, was zu ihrem Körper gehörte. Ihr Körperbewusstsein wurde somit gefördert.

Foto: Marina Lingenfelder

Da die Kinder nach den Treffen oft müde von den neuen Eindrücken sind, sollten Sie ausreichend Zeit einplanen, um die Pflegesituation nach den jeweiligen Bedürfnissen entspannend gestalten zu können.

Am nächsten Tag wurden Fotos und Materialien der Einheit an unterschiedlichen Stellen im Gruppenraum platziert.

Reflexions- und Dokumentationsmethoden

Reflexion mit Krippenkindern erfordert besondere Kreativität in der methodischen Umsetzung. Denn Reflexion setzt gewöhnlich ein fortgeschrittenes **Sprachverständnis**, **Ausdrucksvermögen** und **abstrakte Erinnerungsfähigkeit** voraus, die bei unter 3-Jährigen meist noch nicht ausreichend gegeben sind. Es bedarf also der methodischen Anpassung an die Fähigkeiten der Kinder. Anschaulichkeit und Begreifbarkeit, Kontinuität und Alltagsbezug sind dabei unverzichtbar. Häufig entstehen Ideen und Methoden zur Reflexion und Dokumentation in Anknüpfung an das gewählte Projektthema und werden so für die Gruppe schnell zu authentischen, dazugehörigen Ritualen. Reflexion und Dokumentation sind Teil des Geschehens und müssen nicht erklärt werden.

So entwickelten sich während unseres Projektprozesses ganz **situationsbezogene Methoden**, mit den Kindern zu reflektieren und zu dokumentieren. Nach der ersten Einheit, bei der die Reflexion, wie bei pädagogischen Aktivitäten häufig üblich, direkt am Ende des Treffens stattfand, wurde deutlich, dass die Aufmerksamkeit der Kinder aufgrund der vielen neuen Eindrücke nachließ. Gedanken der Kinder zum Erlebten kamen dann allerdings an den folgenden Tagen im Alltag und beim Betrachten der Projektfotos auf. Seitdem fand die Reflexion individuell mit jedem Kind statt: beim gemeinsamen Betrachten der Fotos oder bei der Beschäftigung mit Utensilien aus der Spurenbox.

Die Grundidee dabei war, Reflexion und Dokumentation nicht als festen, gemeinsamen „Programmpunkt" für alle Projekt-Kinder zu verstehen, sondern davon wegzugehen, hin zur Einbindung in den Alltag. Indem Fotos oder andere mit dem Projekt in Zusammenhang stehende Gegenstände während des üblichen Krippengeschehens zufällig eine Rolle spielten, kam es zu individuellen, spontanen Reflexionsprozessen.

Wickelzeit ist wertvolle Zeit

Die Wickelzeit ist eine der seltenen **Eins-zu-Eins-Situationen**, die Sie mit einem Kind im Alltag haben. Eine gute Gelegenheit, um die Projekttreffen mit den Kindern in Ruhe und individuell zu reflektieren! Fotos und Materialien aus den Projekteinheiten helfen den Kindern dabei, sich an Erlebnisse zu erinnern, zeigend und nonverbal davon zu erzählen, und geben ihnen Gelegenheit, sich weiter damit auseinanderzusetzen.

Über der Wickelablage hatte ich zu diesem Zweck eine aus Stoffresten selbst genähte „Wolke" befestigt. Zwischen Regentropfen in Gelb, Rot, Grün und Blau, die nebenbei zum Farbenlernen genutzt werden konnten, wurden Projektfotos gehängt. Ausgewählte Materialien der Einheiten lagen auf dem Wickeltisch zum „Be-greifen" während des Wickelns bereit: z. B. Schwämme, Bürsten, Pinsel, Igelbälle ... – alles, was sensorische Reize bot und die Wickelzeit zu einer Erlebnis- und Reflexionszeit werden ließ.

TIPP

Selbst gemachte Bilder-Mobiles sind individuell und haben persönlichen Bezug. Fragen Sie die Eltern, ob jemand Stoffreste oder andere Materialien zu Hause hat, die man dazu verwenden könnte. So sind die Eltern von Anfang an mit in den Prozess eingebunden.

Um die neue Methode einzuführen und einen ersten Bezug der Kinder dazu herzustellen, bietet es sich an, das Mobile gemeinsam aufzuhängen. Auch die Fotos und Materialien auf dem Wickeltisch sollten regelmäßig gemeinsam – passend zur aktuellen Projekteinheit – ausgetauscht werden.

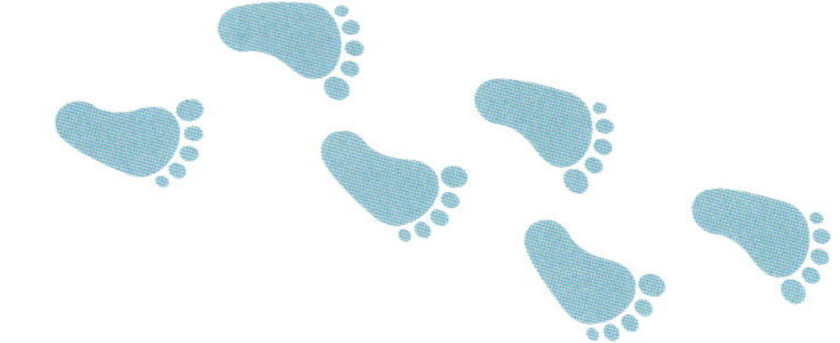

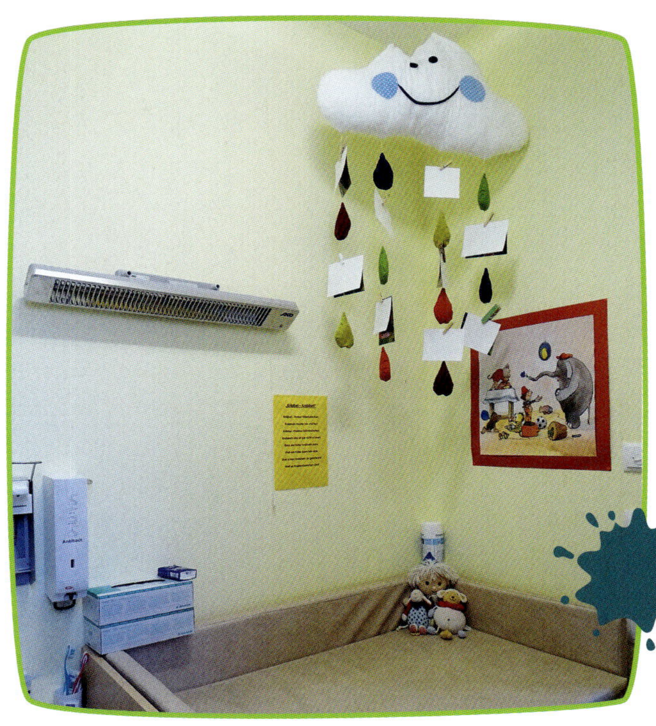

Essenszeit ist gemeinsame Erzählzeit

Essenssituationen sind immer auch Erzählsituationen und geben den Spurenforscher*innen die Gelegenheit, die anderen Krippenkinder an ihren Erlebnissen **teilhaben zu lassen**. An unser „Tischzelt" nähte ich zu diesem Zweck Bänder zum Anheften aktueller Projektfotos. Auch einige der verwendeten Materialien, wie Pinsel oder Schwämme, wurden an das Zelt gehängt. Es drehte sich dann wie eine Art „Bilderkarussell".

Präsentationsflächen

Eine **Wandfläche** kann zur Ausstellung von großformatigen Werken dienen.

Alle Fotos, Werke und Materialien sollten möglichst prompt nach den Treffen ausgetauscht und der Gruppenraum entsprechend gestaltet werden. Dieser direkte Zusammenhang ist für die Kinder sehr wichtig, damit sie den Bezug zum Erlebten nicht verlieren und das **Erzähl- und Zeigebedürfnis** erhalten bleibt. All diese Raumgestaltungs- und Dokumentationsmethoden unterstützen die Präsenz des Projektthemas im Alltag. Zu diesem Zweck richtete ich außerdem einen Kreativbereich im Gruppenraum ein.

Kreativbereich

Aufgrund der bisherigen Einschränkungen und Barrieren zum kreativen Arbeiten im Gruppenraum durch unerreichbare Materialien in hohen Schränken und dem Esstisch als einzigem Gestaltungsplatz beschloss ich, den Kindern einen auf ihre Bedürfnisse abgestimmten Kreativbereich zu schaffen. Dazu baute ich aus Holzresten von Umbauarbeiten der Einrichtung einen Kreativ-Tisch. Dieser gab den Kindern die Möglichkeit, beim Arbeiten zu stehen oder zu knien, und schränkte sie, anders als die Stühle am Tisch, in ihrer Bewegungsfreiheit nicht ein. Außerdem zimmerte ich eine große Holzwanne, um beispielsweise auch mal mit Sand im geschlossenen Raum arbeiten zu können. Die Wände wurden mit Folie abgehängt, damit die Kinder weniger auf Sauberkeit bedacht sein mussten und in ihrer Aktivität freier waren. Der **neu geschaffene Bereich** befand sich direkt am bodentiefen Fenster, was den Kindern den Blick nach draußen ermöglichte und Tageslicht lieferte. Als Raumteiler diente ein Regalschrank, in dem ausgewählte Materialien in Augenhöhe der Kinder und für sie erreichbar lagen. Auch ihre Malshirts hingen dort. Jedes Malshirt wurde mit einer Wäscheklammer an einer Leine befestigt, sodass die Kinder ihr Shirt selbstständig zum Umziehen abnehmen konnten.

Auch die **Spurenbox** fand hier im Regal, gefüllt mit den im Projekt genutzten Utensilien, nach jedem Treffen ihren Platz. So hatten die Kinder die Möglichkeit, ihre Erfahrungen aus den Projekteinheiten zu verfestigen und den anderen Krippenkindern bereits erlangte Erkenntnisse zu zeigen. Sie hatten die Möglichkeit, sich als kompetente Expert*innen zu erleben, was einen positiven Effekt auf ihr Selbstwertgefühl und das Selbstkonzept haben kann. Das Projekt wurde damit Teil des Alltags und ließ alle Krippenkinder aktiv teilhaben.

Der erste Impuls der Kinder beim Betrachten der Bilder war, stets nach den Fotos zu greifen und sie nahe vor sich zu halten. So entstand die Idee zur **Foto-Klettwand**. Ich beklebte eine große Holzplatte mit Klettbandstücken. Prägnante Fotos der Projekteinheiten laminierte ich und befestigte auf der Rückseite ebenfalls Klettband. Die Kinder konnten die Fotos selbst an die Wand kletten, von der Wand abnehmen, jemandem zeigen und an neuer Stelle wieder befestigen. Die Klettwand wurde im Kreativbereich installiert und diente dort als zusätzlicher Impuls.

Dokumentation für und mit Eltern

In jedem Fall sollten auch die Eltern Einblick in die Projektarbeit ihrer Kinder erhalten. Da Krippenkinder meist noch eher begrenzte sprachliche Möglichkeiten haben, ihre Erlebnisse zu Hause mitzuteilen, ist Transparenz von Kita-Seite aus von großer Bedeutung. Durch die Gestaltung einer **Elterninfowand** mit Bildern und Berichten konnte ich den Eltern regelmäßig einen „Blick durchs Schlüsselloch" in den Projektverlauf ermöglichen (s. Vorlage S. 121).

Bei den Berichtsinhalten war mir wichtig, dass sie kompakt und schnell erfassbar waren, da das Bringen und Abholen aufseiten der Eltern häufig unter Zeitdruck stattfanden. Neben dem Verlauf der Einheit habe ich in angemessenem Rahmen meine pädagogischen Ziele veranschaulicht sowie einige Hintergründe zur ästhetischen Bildung dargelegt. Die Elterninfowand wurde bewusst auf einer Höhe angebracht, die für Eltern und Kinder gleichermaßen angenehm war. Sie sollte Erzählanlass für Kinder und Eltern sein und hat dabei eine weitere Gelegenheit zur Reflexion dargestellt. Generell bietet ein Flur als allgemein zugänglicher Raum allen Interessierten die Möglichkeit, an einem Projekt teilzuhaben.

Über die üblichen Tür-und-Angel-Gespräche hinaus habe ich viel Wert auf **Erzählungen der Eltern** von ihren Kindern gelegt. Beispielsweise fragte ich gezielt nach, ob die Kinder zu Hause oder bei der gemeinsamen Betrachtung der Infowand etwas erzählten, ob sie zu Hause etwas Außergewöhnliches gemacht hatten, was sich vielleicht auf die Erfahrungen im Projekt zurückführen ließ etc. So erhielt ich ein vollständigeres Bild von den Kindern und konnte auf dieser Grundlage den weiteren Projektverlauf planen.

Elterninfowand

3.

WIR HINTERLASSEN SPUREN!
EIN BEST-PRACTICE-BEISPIEL
FÜR PROJEKTARBEIT IM U3-BEREICH

Genug mit all der Theorie! Jetzt legen wir los!

Die folgende detaillierte Beschreibung soll Ihnen Einblicke in die Tätigkeit und Art des Beobachtens durch die pädagogische Fachkraft als Projektbegleitung geben und ihren Fokus in der Projektarbeit im U3-Bereich verdeutlichen und anschaulicher machen.

In diesem Kapitel nehmen Sie vier Krippenkinder mit auf die Reise durch ihr Projekt **„Wir hinterlassen Spuren!"**.

Inmitten von Farbe, Schaum, Spiegel, Pinsel und vielem mehr lernen Sie Möglichkeiten kennen, die Besonderheiten der Projektarbeit im U3-Bereich didaktisch-methodisch umzusetzen.

Kommen Sie mit!
Folgen Sie unserer Spur und tauchen Sie ein in die kunterbunte Welt der Spurenforscher*innen!

Projekteinheiten: Planung, Zielsetzung, Durchführung, Reflexion

1. Projekteinheit: „Spurensuche im Wald"

Offene Planung und Vorbereitung

Gruppe	Zeit	Ort	Material
4 Kinder, 1 zusätzliche Kollegin	2 Std.	• Wald • Raum in der Kita für ungestörte Reflexion	• Kamera • Papp-Kameras (siehe Vorlage S. 124) • Bildkärtchen (mit Tieren und anderen Spurenverursachern) • Erste-Hilfe-Set • Stifte • Laptop

Zum Einstieg in unser Projekt „Wir hinterlassen Spuren!" war ein Ausflug in die Natur geplant, um dort auf Spurensuche zu gehen. Da die Kinder mit Projektarbeit noch nicht vertraut waren und es hierbei zunächst ganz grundlegend um die Begriffseinführung von „Spuren" ging, plante ich die Einstiegseinheit selbst. Mein Ziel war es, darauf im folgenden Prozess aufzubauen und zur gemeinsamen Planung mit den Kindern zu gelangen. Dieser anfangs also etwas festere Rahmen und ein eher erarbeitendes bzw. „gelenktes" entdecken lassendes Lehrverfahren gibt den Kindern Sicherheit in der neuen Situation. Ich wollte den Begriff „Spur" draußen in der Natur einführen und wählte dazu den Wald aus, da dieser einer natürlichen und bekannten Erlebniswelt der Kinder entspricht und ich somit, dem Prinzip der Lebensnähe folgend, Bekanntes mit Unbekanntem verbinden konnte.

TIPP

Bei der Planung einer Projekteinheit kann ein ausführlicher tabellarischer Verlaufsplan wie auf S. 55 hilfreich sein. Eine Kopiervorlage dazu finden Sie auf S. 115.

Um die Kinder auf unsere erste Projekteinheit vorzubereiten, habe ich am Tag vor unserem Waldausflug ein Gruppenfoto von der Projektgruppe gemacht. Wir sprachen darüber, dass wir fünf ab jetzt jeden Mittwoch etwas zusammen machen werden. Ich fragte sie, ob sie Lust hätten, am nächsten Tag in den Wald zu gehen. Und ob sie das hatten! Dieses Vorhaben sprach ich immer wieder in verschiedenen Alltagssituationen an.

Beim Wickeln:

„Morgen gehen wir in den Wald, Carlotta, stimmt's? Linda und Maxim gehen mit, Anni, du und ich."

Tschüss, Anni, bis morgen! Morgen gehen wir in den Wald!

Einige Tage zuvor bin ich den Weg im Wald bereits abgelaufen und habe nach Spuren gesucht, die ich mit den Kindern geplant entdecken wollte. Zu den unterschiedlichen Spuren von Tieren, Fahrzeugen etc. bereitete ich Bildkärtchen der jeweiligen Spurenverursacher vor

(Wildschwein, Hund etc.). Für jedes Projektkind fertigte ich Pappkameras mit Gucklöchern an. Für die abschließende Reflexion richtete ich einen freien Raum her, stellte Stifte und den Laptop bereit.

TIPP

Denken Sie daran, das Kollegium, die Einrichtungsleitung und die Eltern über den anstehenden Ausflug zu informieren und um entsprechende Kleidung für die Kinder für diesen Tag zu bitten.

Tabellarischer Verlaufsplan:

Beispiel

Feste Planung der 1. Projekteinheit *(Partizipationsstufe 5)*

Phase	Inhalt	Impulsfragen	Material	Ort	Dauer
Vorbereitung	*s.o.*				
Einstieg/ Hinführung	**1.** Nach dem Frühstück: Anziehen an der Garderobe **2.** Sammeln vor der Einrichtung **3.** Ich erzähle den Kindern, was wir vorhaben: „Wir gehen gleich in den Wald und schauen uns dort ganz genau den Boden an. Mal sehen, ob wir etwas finden und ob der Boden überall gleich aussieht!“ **4.** Dann erkläre ich den Kindern: „Wenn wir etwas Spannendes sehen, machen wir ein Foto davon.“ Ich zeige ihnen die Papp-Kameras und packe sie, bis wir im Wald angekommen sind, in meinen Rucksack, damit sie nicht verloren werden. **5.** Wir brechen gemeinsam zum Wald auf (Laufzeit: ca. 10 Min. von der Kita).		• Papp-Kameras	**Kita**	**20 Min.**
Überleitung/ Erarbeitung	Auf die erste Spur werde ich die Kinder durch Impulsfragen aufmerksam machen. Wir machen ein „Foto“, d.h., die Kinder schauen sich die Spur durch ihre „Kameraobjektive“ ganz genau an, während ich ein echtes Foto davon schieße.	„Warum sieht der Boden hier so aus?“ „Wer könnte das gemacht haben?“	• Papp-Kameras	**Wald**	**10 Min.**

Hauptteil/ Vertiefung	Ich fordere die Kinder auf, weiter nach Spuren zu suchen. Wir überlegen, wer hier über den Boden gelaufen sein könnte, wer dort wohnt etc. Ich zeige den Kindern das passende Bildkärtchen des Spurenverursachers und wir machen „Fotos" von der Spur.		• Papp-Kameras • Bild-kärtchen	**Wald**	**30 Min.**
Überleitung zum Abschluss	Wir laufen gemeinsam zurück zur Kita. Wir ziehen uns um und die Kinder machen eine Trinkpause, während ich die Fotos des Ausflugs am PC aufrufe.	*Gelegenheit für erste Reflexionsgespräche auf dem Weg zurück zur Kita:* „Welche Spur hat dir am besten gefallen?"		**Kita**	**30 Min.**
Schluss	Die Reflexion findet in einem freien Raum statt. Wir schauen uns gemeinsam die Fotos auf dem Laptop an und versuchen, die Bildkärtchen den fotografierten Spuren zuzuordnen. Die Kinder dürfen die entdeckten Spuren auf ihr Kameradisplay malen. Am Ende zeige ich den Kindern das zuvor aufgenommene Gruppenfoto und frage sie, ob auch sie Spuren hinterlassen können.	„Wisst ihr noch, als wir das gesehen haben?" „Welches Tier war das?" „Wollen wir nächste Woche mal ausprobieren, ob wir auch selbst Spuren machen können?"	• Laptop • Bild-kärtchen • Stifte • Papp-Kameras	**Kita**	**20–30 Min.**

Welche Ziele werden dabei verfolgt?

Ich-Kompetenz/Sachkompetenz
Die Kinder nehmen in Begleitung und mithilfe von Impulsen Spuren in der Natur wahr, die durch andere verursacht wurden.

Sachkompetenz
Die Kinder machen erste ganzheitliche Erfahrungen mit der Begriffsbedeutung „Spur" und erfahren den Zusammenhang von Ursache und Wirkung.

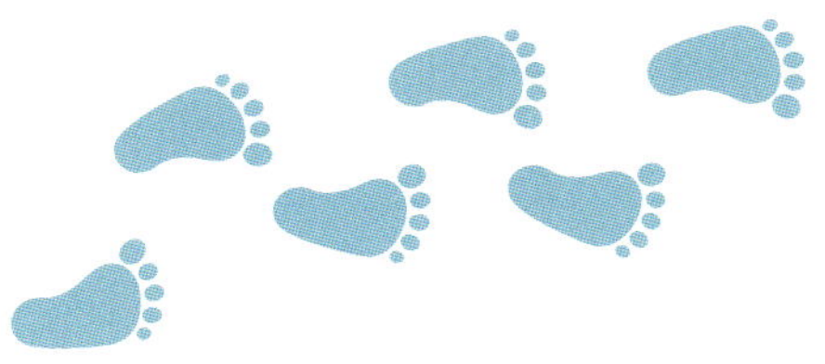

LOS GEHT'S!

Beim Aufbruch mit den vier Projekt-Kindern entsteht zunächst etwas Verwirrung: Wieso darf wer mit bzw. nicht mit? Auf dem Kirchplatz vor der Kita sammeln wir uns, um unser Vorhaben und unsere Regeln zu besprechen. Ziel dieses Treffens ist es, eine erste Vorstellung von „Spuren" als Begriff zu bekommen. Ich erkläre daher, dass wir uns heute im Wald ganz genau den Boden anschauen. Ob er überall gleich aussieht?

Die einzelnen Spurenstationen laufen immer ähnlich ab: Ich mache die Kinder auf eine Spur aufmerksam oder sie entdecken selbst etwas.

> *Wie könnte diese Spur entstanden sein? Wer könnte das gemacht haben?*

Schon auf dem Weg zum Wald untersuchen wir jede Spur möglichst ganzheitlich, versuchen, sie nachzumachen, schauen das dazugehörende Bildkärtchen an und „fotografieren" die Spur: ich mit der echten Kamera und die Kinder mit den Papp-Kameras. Der Blick durch das Guckloch hilft ihnen, genau hinzuschauen und sich zu fokussieren. Mit den vorbereiteten Bildkärtchen (Prinzip der Anschauung) möchte ich den Kindern erleichtern, einen Zusammenhang zwischen Spur (Wirkung) und Spurenverursacher (Ursache) zu begreifen. Allein diesen Zusammenhang herstellen zu können, ist mein Ziel für die Kinder, nicht die korrekte Zuordnung von Tier und Spur.

Auf dem Weg zum Wald entdeckt Maxim auf einem Seitenstreifen einen „Anhänger!"

> *Wo könnte der Anhänger entlanggefahren sein? Schaut euch mal den Boden an.*

Tatsächlich finden wir Reifenspuren im Sand. Die Kinder ziehen mit ihren Fingern Spuren in den Wassertropfen an der Anhängerwand. Maxim entdeckt dabei Wasser in der Anhängerplane. Alle beginnen, mit Fingern und Blättern durch das Wasser zu fahren, und beobachten, wie ihre Bewegungen Wellen und Spritzer verursachen.

Weiter geht es mit der Spurensuche im Wald:

> *Schaut mal, hier sieht der Boden ganz anders aus. Da hat jemand gebuddelt.*

Wir stellen uns in die Kuhlen und bohren und stampfen mit den Füßen in der Erde. Maxim und Linda schlittern auf Trampelpfaden von Tieren, bahnen eigene Wege durchs Laub und bohren mit dem Finger, auf dem Bauch liegend, kleine Löcher in die Erde.

Auf dem Rückweg legt Anni ihre Kamera auf die Reifenspur des Anhängers. Wir drücken die Kamera zusammen fest auf die Spur in die Erde. Das weiße „Display" hat nun braune Erdspuren. Die anderen Kinder tun es Anni nach und stellen sich auf ihre Kameras. Beim Stampfen merken wir, dass die Reifenspur nun weg ist und man stattdessen unsere Schuhabdrücke sieht. Kurz vor der Kita machen wir noch Bekanntschaft mit einer ganz besonderen Art von Spur: Maxim tritt in einen großen Hundehaufen. Dieses Erlebnis ist Thema für die nächsten Tage.

Zurück in der Kita, schauen wir uns die von mir gemachten Fotos auf dem Laptop an, wobei die Kinder schnell unruhig werden. Ich breche ab und breite auf dem Maltisch alle Bildkärtchen aus. Alle malen konzentriert die heute entdeckten Spuren auf ihre Kameradisplays.

Abschließend fasse ich zusammen, dass wir heute Spuren von Rehen, Wildschweinen und Hunden gesehen haben, und frage die Kinder, ob sie auch selbst Spuren hinterlassen könnten. Linda sagt „Nein!", Maxim „Ja!" Alle wollen es jedoch ausprobieren.

Zwischenreflexion und Ziele für den weiteren Projektverlauf

Die Kinder nahmen Spuren wahr, nachdem ich sie auf vorhandene Spuren aufmerksam gemacht hatte und sie diese fokussiert untersuchten. Sie gingen sogar von sich aus noch zwei Schritte weiter: Sie versuchten, Spuren nachzumachen, und hinterließen bewusst eigene Spuren, wobei sie den Zusammenhang von Ursache und Wirkung deutlich erfuhren. Trotz eher genauer Planung blieb genügend Raum für eigene Entdeckungen der Kinder. Den Begriff „Spur" verwendete ich wiederholt in unterschiedlichsten Kontexten und Entdeckungssituationen. An den Reaktionen der Kinder merkte ich, dass sie verstanden, wenn ich von einer Wildschweinspur sprach. Sie liefen zu der Spur hin.

Durch die unterschiedliche **Aufmerksamkeitsdauer** an den einzelnen Spurenstationen machten mir die Kinder deutlich, wo ihre Interessen lagen: bei den Spuren, die sie selbst verändern oder verursachen konnten, also selbst eine Wirkung verursachen und sich dabei selbstwirksam erleben konnten. Daraus leitete ich als Ziel für den **weiteren Projektverlauf** ab, eigene Spuren zu hinterlassen. Da mir die Kinder zu Beginn in der Aufbruchsituation deutlich zeigten, dass ihnen nicht klar war, wer zur Gruppe gehörte, sollte ein weiteres zukünftiges Ziel die **Stärkung des Gruppengefühls** sein. Beide Ziele wollte ich in der nächsten Einheit verbinden, indem wir individuelle Malshirts mit Fingerfarben gestalteten, die dann bei jedem Treffen getragen werden sollten.

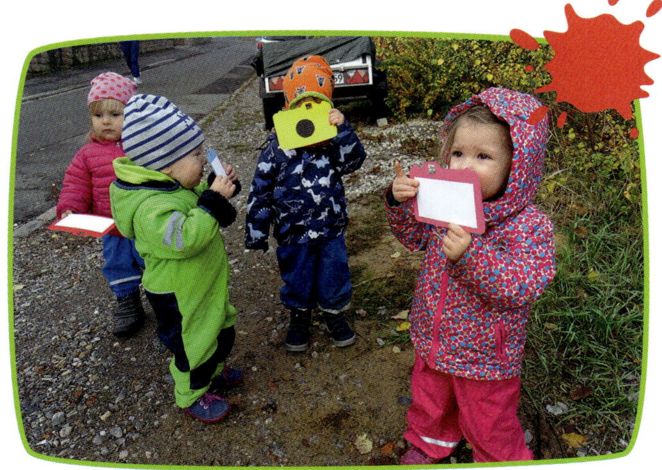

Methodisch stellte sich heraus, dass es die Kinder überforderte, direkt im Anschluss an die aktive Phase in eine sehr gesetzte Reflexion zu gehen. Für den weiteren Projektverlauf nahm ich mir daher vor, eine zielgruppengerechte **Methode zur Reflexion** zu finden.

In der Zeit bis zur nächsten Projekteinheit …

Für die Elterninfowand im Flur halfen alle Kinder der Krippengruppe geduldig mit, viele Fußabdrücke mit Fingerfarbe zu drucken. Die Zurückhaltung vor der Berührung mit der Farbe verschwand schnell und nach kurzer Zeit schon trauten sich die Kinder, selbst ihre Füße einzupinseln.

LIEBE ELTERN UNSERER SPURENFORSCHER*INNEN,

zum Einstieg in unser Projekt „Wir hinterlassen Spuren!“ begaben wir uns gemeinsam auf Spurensuche in den Wald. Ausgestattet mit eigenen Kameras, entdeckten wir spannende Dinge! Von Hundehinterlassenschaften über Rehpfade, einen Fuchsbau, Wildschweinbuddeleien, Ameisenhaufen bis hin zu Reifenspuren war alles geboten! Ziel war es, zu erkennen, dass unsere Umgebung voller Spuren ist, die durch irgendjemanden oder irgendetwas verursacht wurden. Unsere Spurenfotos hängen seitdem im Gruppenraum und lassen uns immer wieder ins Gespräch kommen. Schließlich stellten wir uns die Frage: Können auch WIR Spuren hinterlassen?

Folgen Sie unserer Spur!

Freuen Sie sich auf die nächsten Neuigkeiten von uns Spurenforscher*innen!

Aushang

2. Projekteinheit: „WIR sind die Spurenforscher*innen!"

Offene Planung und Vorbereitung

Gruppe	Zeit	Ort	Material
4 Kinder	1–1,5 Std.	Werkstatt, alternativ: ungestörter Raum mit großer Freifläche und abwischbarem Fußboden	• Kamera • Abdeckfolie, Klebeband • Farbkleckskarte und Stempelkissen • Fotos der letzten Einheit • einfarbige helle Shirts *(von den Eltern mitzubringen)* • Fingerfarben • Pinsel, Schwämme • Materialschalen • Zeitungspapier • Schnur und Wäscheklammern • Spurenbox • Eimer mit warmem Wasser, Waschlappen und Handtücher

In der zweiten Projekteinheit sollten die Kinder ihre eigenen Malshirts mit Fingerfarben, Pinsel, Schwamm und unter Einsatz des ganzen Körpers gestalten. Diese Shirts sollten zukünftig bei jeder Projekteinheit getragen werden.

Die Einheit sollte im Werkraum stattfinden. Zum Einstieg plante ich, die Fotos der letzten Einheit in die Mitte des Sitzkreises zu legen und die Kinder zu fragen, was wir in der Woche zuvor im Wald gesehen hatten. Zur Überleitung in diese Einheit wollte ich anknüpfend zusammenfassen, dass wir also viele Spuren gesehen haben und nun ausprobieren werden, ob wir selbst ebenfalls Spuren hinterlassen können.

Mit der Frage, ob denn eigentlich alle da seien, hatte ich vor, ein potenzielles Einstiegsritual für unsere Treffen einzuführen: Auf einer Art Anwesenheitsliste, der „Farbkleckskarte" (s. Vorlage S. 125) würde jedes Kind zu seinem Foto einen Fingerabdruck machen.

Anschließend sollte die Gestaltung der Malshirts beginnen. Geplant war, dass jede*r Farbe und Gestaltungswerkzeug frei wählen durfte. Wobei ich die Gestaltungswerkzeuge zu Beginn außen vorlassen und erst im Verlauf dazugeben wollte, damit die Kinder die Farbe zunächst rein mit ihren Händen und dem ganzen Körper erfahren konnten.

TIPP

Bitten Sie die Eltern, für ihre Kinder alte, zu diesem Zweck geeignete T-Shirts oder Hemden mitzubringen. Gerne auch eine Nummer größer, damit die Shirts über den gesamten Projektzeitraum passen.

Welche Ziele werden dabei verfolgt?

- **Sozialkompetenz**
  Das Gruppengefühl der Kinder wird durch gemeinsames Gestalten und späteres Tragen von Malshirts langfristig gefördert.
- **Sachkompetenz**
  Die Kinder machen im Rahmen des Projekts erste ganzheitliche Erfahrungen mit Fingerfarben und ausgewählten Gestaltungswerkzeugen.
- **Ich-Kompetenz**
  Die Kinder machen im Rahmen des Projekts erste ganzheitliche Erfahrungen mit ihrem Körper als Gestaltungswerkzeug.

Vorbereitung des Raumes

Die Werkstatt wurde gut vorgeheizt. Ich legte den Boden großflächig mit Abdeckfolie aus und befestigte diese mit Klebeband. Vor die Wand wurden zum Schutz mit alten Malkitteln behängte Stühle platziert. Außerdem wurden ein Eimer mit warmem Wasser, Waschlappen, Handtücher, frische Windeln sowie die für die Projekteinheit benötigten Utensilien bereitgelegt. Die zur Seite gestellten Tische wurden von mir mit Zeitungspapier ausgelegt. Dort sollten am Ende die Shirts zum Trocknen hingelegt werden. Um ein Durchdrucken der Farbe zu verhindern, wollte ich Zeitungspapier in die Shirts schieben.

LOS GEHT'S!

Im Wickelraum ziehen sich alle Kinder bis auf die Windeln aus und bekommen jeweils einen Malkittel. Den Kindern biete ich diese an, da es die erste Berührung mit Farbe in diesem Rahmen ist. Das ist nicht allen Kindern geheuer und manche haben große Berührungsängste, empfinden das Nacktsein als unangenehm in der Kita. Ab der nächsten Einheit werden die Kittel durch die selbst gestalteten Spurenshirts ersetzt. Die Kinder frieren außerdem schnell, wenn sie so lange gänzlich unbekleidet auf dem Boden arbeiten. Ein weiterer, ganz pragmatischer Grund für das Shirt: Erfahrungsgemäß dauert es für die Kinder, die nach der Einheit meist sehr müde sind, sehr lange, wieder gewaschen zu werden. Das Shirt hält dann wenigstens einen kleinen Teil der Haut

3. WIR HINTERLASSEN SPUREN!

sauber, sodass das Waschen danach etwas verkürzt werden kann.

Wir gehen gemeinsam in die Werkstatt und setzen uns auf dem Boden in einen Sitzkreis. Ich lege die Fotos der letzten Einheit in die Mitte und frage:

> „Könnt ihr euch noch erinnern, was wir im Wald gesehen haben?"

Zur Überleitung fasse ich zusammen, dass wir beim letzten Mal viele Spuren gesehen haben: vom Hund, der einen Hundehaufen hinterließ, oder von Wildschweinen, die den Boden durchwühlt hatten.

> „Heute wolltet ihr probieren, ob auch ihr Spuren hinterlassen könnt. Das machen wir jetzt."

In dieser zweiten Einheit führe ich ein neues Einstiegsritual unserer Treffen ein. Nach der Frage „Sind denn alle da?" macht jedes Kind auf der „Farbkleckskarte" unter seinem Foto einen Fingerabdruck mit Stempelkissenfarbe. Dies dient zum einen dem Sammeln der Kinder – „Jetzt geht es los!" –, zum anderen wird den Kindern sichtbar gemacht, wer zur Gruppe gehört, wer da ist und wer fehlt. Ich lege die Farbkleckskarte in die Mitte. Die Kinder tippen sofort mit den Fingern strahlend auf ihre Fotos. Ich sage:

> „Wir schauen mal, wer heute da ist. Ich bin da!"

Dann mache ich einen Fingerabdruck in mein Feld.

Jedes der Kinder stempelt einen Fingerabdruck unter sein Bild. Am Ende schauen wir, ob jedes Foto einen Fingerabdruck hat oder ob jemand der Gruppe fehlt. Alle sind da!

Ich teile den Kindern die Shirts aus und erkläre ihnen, dass jede*r nun das eigene Malshirt mit Fingerfarben gestalten darf.

> „Die Shirts können wir dann jedes Mal anziehen, wenn wir etwas zusammen machen."

Nun teile ich die Fingerfarben aus. Alle möchten einen Klecks von jeder Farbe haben. Konzentriert schauen die Kinder zu, wie ich die Farbe von oben in ihre Materialschalen tropfen lasse. Maxim, Linda und Carlotta beginnen zunächst vorsichtig, ihre Fingerspitzen in die Farbe zu tauchen und kleine Punkte auf ihre Shirts zu tupfen. Linda schaut dabei immer wieder zu Maxim, der nun seine Handflächen komplett in die Farbe taucht und damit auf sein Shirt patscht. Carlotta schmiert sich mit beiden Händen ihre Beine mit Farbe ein. Maxim beobachtet dies und schaut mich, strahlend und auf meine Reaktion wartend, an. Ich mache auf Carlotta aufmerksam und lächele Maxim ermunternd zu. Er gluckst vor Freude, während er sich mit beiden Händen Füße, Beine und Arme mit Farbe einreibt, die schließlich auch im Gesicht zu finden ist.

Anni beobachtet das Geschehen äußerlich regungslos von ihrem Platz aus. Carlotta sitzt neben ihr, streckt ihr strahlend ihre farbigen

Hände entgegen und möchte ihr Farbe abgeben. Anni weicht zurück. Maxim stellt sitzend seine Füße in sein Schälchen und schlittert damit in der Farbe vor und zurück. Carlotta tut es ihm gleich. Maxim will einen Fußabdruck machen und hält sich an mir fest. Ich frage ihn, wie sich die Farbe anfühlt.

Alle Kinder, auch Anni, die bisher beobachtete, holen sich einen Pinsel und einen Schwamm, als ich diese in die Mitte lege, und bemalen damit ihre Shirts. Das Gestaltungswerkzeug ermöglicht Anni Aktivität ohne direkte Berührung mit der Farbe. Ich sitze Maxim gegenüber und sehe, wie er seinen Pinsel voller Farbe hochhält und breit grinst. Auf meine Frage

> „Maxim, möchtest du mir einen Punkt auf meine Nase malen?"

antwortet er: „Ja!" Dann tupft er ganz vorsichtig auf meine Nase.

Nach 40 Minuten legen wir die Shirts zum Trocknen auf die Seite. Wir sammeln uns wieder im Sitzkreis. Ich führe nun die „Spurenbox" ein und frage die Kinder, die Pinsel und Schwämme noch in den Händen halten:

> „Womit habt ihr denn eure Malshirts bemalt?"

Ich fordere sie auf, etwas in die Box zu legen, mit dem sie gemalt haben.

> „Eure Hände, Beine und Füße sind auch voller Farbe. Was habt ihr damit gemacht?"

„Gemalt!", sagt Maxim.

Es kommt zur ersten Reflexion: Die Farbe war ...

> „kalt und rutschig!"

Bevor wir zum Baden nach oben gehen, waschen wir uns mit Waschlappen. Dies wollen die Kinder eigenständig tun.

Nach dem Mittagsschlaf gehen wir alle, auch die Kinder, die nicht in der Projektgruppe sind, in die Werkstatt, um zu schauen, wie die Shirts aussehen. Die Spurenforscher*innen dürfen ihre Werke den anderen Kindern zeigen. Wir nehmen sie mit in den Gruppenraum und hängen die fast trockenen Shirts an einer gespannten Schnur auf. Die Präsentation soll den Kindern die Gelegenheit geben, Stolz zu empfinden und somit ihr Selbstwertgefühl stärken. Auch dient sie der Dokumentation der Einheit, indem das Ergebnis im Alltag sichtbar wird.

Die Dinge in der Spurenbox werden zunächst zusammen mit den Fotos am Zelt über dem Esstisch, an der Wolke über dem Wickeltisch und im Flur an der Elterninfowand aufgehängt. In dieser Woche werde ich den Kreativbereich mit den Kindern im Gruppenraum aufbauen. Dort soll die Spurenbox in Zukunft ihren festen Platz bekommen. Am Ende jeder Einheit sollen sie die Box mit den verwendeten Materialien füllen dürfen und gemeinsam in den Kreativbereich stellen, wo sie ihnen unter der Woche zur Verfügung stehen wird.

Zwischenreflexion und Ziele für den weiteren Projektverlauf

Die Einzelarbeit im Sitzkreis erwies sich als passend gewählt, da die Kinder eher für sich arbeiteten. Alle hatten einen eigenen Platz auf dem Boden mit eigenem Material. Dennoch konnten sie sich gegenseitig beobachten, den anderen etwas zeigen und untereinander in Kontakt treten, was sie auch taten.

Das Füllen der Spurenbox und das Waschen am Ende war für die Kinder ein klarer Abschluss und konnte als **individuelle Gesprächsgelegenheit** zur ersten Reflexion genutzt werden.

Die Stärkung des Gruppengefühls blieb langfristiges Ziel durch das ritualisierte Tragen der Shirts und weitere **gruppenpädagogische Maßnahmen**. Erste ganzheitliche Erfahrungen mit Fingerfarbe und Gestaltungswerkzeugen gewannen die Kinder beim Malen mit Pinsel und Schwamm und ihren Körpern als Gestaltungswerkzeug, indem sie sich selbst bemalten und Spuren und Abdrücke mit ihren Körpern hinterließen. Da die Kinder beim Bemalen ihrer Shirts deutlich das **Bedürfnis** zeigten, die Fingerfarbe am eigenen Körper zu spüren, soll dies das Thema für die nächste Einheit sein. In den selbst gestalteten Malshirts werden wir ausprobieren, welche Spuren wir mit unseren Körpern hinterlassen können.

In der Zeit bis zur nächsten Projekteinheit ...

Es wurde ein Kreativbereich im Gruppenraum eingerichtet. Ein Tisch, eine Wanne und ein Regal wurden hier platziert. Am Regal hingen fortan die Malshirts mit zugehörigen Fotos der Kinder. Die Kinder nutzten den Bereich zum Malen und Explorieren, z. B. mit Wasser. Auch Anni entdeckte die Freude an Wasser im Kreativbereich: Ein paar Tage später bemerkte Anni, dass es durch unser Fenster hereingeregnet hatte. Mit dem Zeigefinger zog sie Spuren durch die Pfützen und durch die Tropfen an der Fensterscheibe. Dann wischte sie den Boden mit einem Tuch trocken.

LIEBE ELTERN UNSERER SPURENFORSCHER*INNEN,

nachdem wir beim letzten Mal den Spuren anderer gefolgt sind, wollten wir nun auch unsere eigenen Spuren hinterlassen: Die Kinder bedruckten und bemalten in der großflächig mit Folie ausgelegten Werkstatt ihre eigenen Malkittel mit Fingerfarben. Dies taten sie zunächst behutsam, indem die Finger vorsichtig in Farbe getaucht und damit Abdrücke auf den mitgebrachten Shirts gemacht wurden – tupf, tupf, tupf. Schnell aber waren auch Hand, Fuß, Bein und eine Augenpartie in die Aktion einbegriffen. Mit vollem Körpereinsatz bearbeiteten die Kinder nicht nur ihre Malkittel, sondern auch begeistert sich selbst. Wer der bunten Aktion doch noch etwas skeptisch gegenüberstand, konnte auf Gestaltungswerkzeuge, wie Schwämme oder Pinsel, zurückgreifen, die etwas Abstand zum bunten Nass sicherten.

Ziel dieser Einheit war es zum einen, erste ganzheitliche Erfahrungen mit Fingerfarben und Gestaltungswerkzeugen zu machen, zum anderen aber auch, das Gruppengefühl der Kinder mittels eines selbst gestalteten Gruppen-Outfits zu stärken.

Folgen Sie unserer Spur!

Freuen Sie sich auf die nächsten Neuigkeiten von uns Spurenforscher*innen!

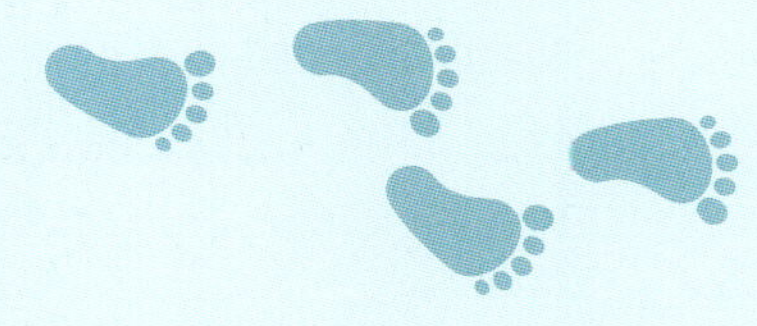

Aushang

3. Projekteinheit: „Ich und meine Spuren“

Offene Planung und Vorbereitung

Gruppe	Zeit	Ort	Material
4 Kinder	1–1,5 Std.	Werkstatt, alternativ: ungestörter Raum mit großer Freifläche und abwischbarem Fußboden	• Kamera • Abdeckfolie • Farbkleckskarte und Stempelkissen • Fotos der letzten Einheit • Malshirts • Papierrolle • Tonkarton • Fingerfarben • Pinsel • Lippenstifte • Materialschalen • Spiegel • Spurenbox • Eimer mit warmem Wasser • Waschlappen • Handtücher

In dieser Einheit sollten die Kinder herausfinden, wie sie Spuren erzeugen können. Zu diesem Zweck sollte ihnen eine große, mit Papierbahnen ausgelegte Bodenfläche zur Verfügung stehen. Außerdem gab es einen Wandspiegel sowie Fingerfarben und Pinsel. Zum Schutz der Wände wollte ich mit alten Malkitteln behängte Stühle davorstellen. Der große Wandspiegel sollte der Selbstbetrachtung der Kinder bei der Körperbemalung dienen und somit ihre Körperwahrnehmung fördern. Von jedem bemalten Körperteil sollten die Kinder unter anderem einen Abdruck (also eine „Spur“) auf ein Stück Tonkarton machen. Später würde ich den Abdrücken dann Fotos der Kinder anheften, auf denen sie beim Verursachen der Spuren zu sehen sind. Die fertigen Werke sollten dann im Kreativbereich auf Kinderaugenhöhe aufgehängt werden.

Tabellarischer Verlaufsplan:

Beispiel

Offene Planung der 3. Projekteinheit *(Partizipationsstufe 5)*					
Phase	**Inhalt**	**Impulsfragen**	**Material**	**Ort**	**Dauer**
Vorbereitung	*s.o.*				
Einstieg/ Hinführung	Die Kinder ziehen sich bis auf die Windeln aus. Sie dürfen nun ihre Malshirts von der Leine nehmen und anziehen. Wir gehen in die Werkstatt. Dort setzen wir uns in einen Sitzkreis und beginnen mit unserem Einstiegsritual, der Farbkleckskarte. Ein erster Impuls könnten die Malshirts sein, die die Kinder anhaben – die Produkte der letzten Einheit. Als weiteren Impuls lege ich Fotos von der vorherigen Woche in die Mitte, um das Treffen in Erinnerung zu rufen und auch den Kindern, die noch nicht oder nur wenig sprechen können, die Chance zu geben, etwas zu zeigen.	„Wisst ihr noch, was wir beim letzten Mal in der Werkstatt gemacht haben?"	• Malshirts • Farbkleckskarte, Stempelkissen • Fotos der vorherigen Woche	**Gruppenraum Werkstatt**	**5-10 Min.**
Überleitung/ Erarbeitung	„Ihr habt also nicht nur eure Shirts angemalt, sondern auch euch selbst. Eure Arme und eure Füße und die Beine. Carlotta kam auf die Idee, einen Fußabdruck auf ihr Shirt zu machen. Heute probieren wir mal, ob wir mit unserem ganzen Körper Abdrücke machen können."	„Carlotta, möchtest du noch mal zeigen, wie du beim letzten Mal einen Fußabdruck gemacht hast?"			**1 Min.**

Hauptteil/ Vertiefung	Ich gebe in jede Materialschale Farben. Bei jedem neuen Körperteil, welches die Kinder angemalt haben, machen wir zusätzlich einen Abdruck auf ein Stück Tonkarton. Dieses dient der Dokumentation und kann später im Kreativbereich aufgehängt werden. Ich werde den Abdruck beschriften und für die Kinder mit einem Foto, das zeigt, wie die Spur entstanden ist, aufhängen. Die Kinder können sich beim Bemalen im Spiegel betrachten.		• Fingerfarben • Materialschalen • Pinsel • Lippenstifte • Tonkarton • Spiegel • Kamera		**30 Min.**
Überleitung zum Abschluss	Wir sammeln alle Abdrücke in der Mitte.				**5 Min.**
Schluss	Die Kinder dürfen sich selbst mit Waschlappen waschen. Wir gehen zurück in die Gruppe. Das Betrachten der Abdrücke ist Teil der Reflexion und wird im Verlauf der Woche stattfinden, wenn die Abdrücke auf Kinderhöhe an der Wand im Kreativbereich hängen.		• Eimer mit warmem Wasser • Waschlappen • Handtücher		**20 Min.**

Welche Ziele werden dabei verfolgt?

Sozialkompetenz
Das Gruppengefühl der Kinder wird durch das erste gemeinsame Anziehen der selbst gestalteten Malshirts weiter gestärkt (Sozialkompetenz).

Sachkompetenz
Die Kinder sammeln ganzheitliche Erfahrungen mit dem Material Fingerfarbe.

Ich-Kompetenz
Die Kinder erleben ihren Körper als Gestaltungswerkzeug und spüren sich beim Bemalen mit Farbe, was die Körperwahrnehmung fördert.

Foto: Marina Lingenfelder

LOS GEHT'S!

Im Kreativbereich des Gruppenraums ziehen wir zum ersten Mal unsere Malshirts an und zelebrieren dies entsprechend. Wir gehen gemeinsam in die Werkstatt. Anni, die anfangs jeglichen direkten Kontakt zu Farbe ablehnte, drückt ihren Finger nun, ohne zu zögern, in das Stempelkissen für die Farbkleckskarte. Kaum sind alle Materialschalen befüllt, tauchen Maxim und Linda ihre Hände in die Farbe, um sie dann auf die Papierbahnen zu drücken. Maxim verteilt Farbe auf meiner Hand und meinem Unterarm. Ich rufe als Impuls:

Achtung, jetzt mache ich einen Abdruck!

Ich fordere Maxim auf, meinen Arm fest auf das Papier zu drücken. Linda macht nun viele Handabdrücke hintereinander. Maxim bemalt seine Hand mit einem Pinsel. Anni beobachtet das Geschehen. Einen Pinsel oder einen Schwamm möchte sie noch nicht. Ich lasse sie weiter beobachten und lege das Material neben sie. Linda streicht ihren Fuß und ihr Bein mit Pinsel und Händen ein. Maxim hilft ihr und wir machen einen Abdruck. Beim Laufen über das Papier hinterlässt Linda deutliche Fußspuren und schaut immer wieder hinter sich. Wir machen außerdem Abdrücke von Nasen, Ohren und Mund (mit Lippenstiften). Hierbei sind die Kinder zunächst skeptisch. So dürfen sie zunächst meine Nase anmalen und ich mache anschließend Abdrücke damit. Linda malt sich daraufhin ihre Nase selbst an. Wir betrachten uns alle im Spiegel. Maxim und Linda müssen lachen. Linda sieht den Farbfleck und fasst sich an ihre Nase. Dann bemalt sie mit dem Pinsel ihre Beine und Füße, stellt sich schließlich mit dem Fuß in ihre Farbschale und stampft mit der Farbe immer wieder auf der Stelle. Bei den Handabdrücken drückt sie sich, genau wie ich, mit einer Hand fest auf den Handrücken der anderen.

Ich darf Anni Farbpunkte auf ihr Shirt tupfen. Linda und Maxim beobachten uns. Maxim berührt Anni behutsam mit seinen Farbhänden am Arm. Anni lässt es geschehen, schaut mich an, ich lächle ihr ermutigend zu. Nach einigen Sekunden ist es ihr jedoch unangenehm. Sie bekommt einen Waschlappen und wischt sich die Farbe weg.

Maxim und Linda laufen mit ihren farbigen Füßen im großen Kreis konzentriert und immer schneller über das Papier. Maxim stimmt an und beide singen:

Tut, tut, tut, tut!

Mit frisch in Farbe getauchten Füßen schlittert Maxim und merkt, dass er langsamer laufen muss, weil die Farbe glitschig ist. Linda läuft sehr vorsichtig. Anni läuft an meiner Hand mit im Kreis durch die Farbe und lächelt. Maxim bleibt plötzlich stehen und ruft „Hallo!“ in den Spiegel. Er klatscht und streicht auf Zehenspitzen immer wieder mit beiden Händen von unten nach oben über die Spiegelfläche. Auf die Frage: „Was ist denn jetzt da drauf?“, antwortet er:

Farbe!

„Und deine Hände!", sage ich. Er schaut sich sein Werk an, lacht und rennt weiter im Kreis.

Linda geht nun still zum Spiegel und streicht zart über die glatte Oberfläche. Anni traut sich, Fuß- und Handabdrücke mit mir zu machen. Wichtig ist ihr, die Farbe im Anschluss direkt wieder von sich zu entfernen. Sie lächelt, als sie die Abdrücke sieht. Maxim und Linda stellen sich mit Waschlappen vor den Spiegel und schauen sich beim Waschen immer wieder gegenseitig und im Spiegel an. Am Ende traut sich Anni als einzige, einen Po-Abdruck mit Windel vor dem Spiegel zu machen. Ich bepinsle ihre Windel. Hinsetzen. Aufstehen. Begeistert und voller Stolz ruft sie, in die Runde blickend:

 *Schau! Schau!* 

Dabei zeigt sie auf den Abdruck, den ich ihr präsentierend hochhalte. Danach waschen sich alle mit Waschlappen sauber.

Zwischenreflexion und Ziele für den weiteren Projektverlauf

Auch dieses Mal beobachtete Linda Maxim und probierte seine Ideen nachahmend, aber auf ihre Weise aus. Anni suchte zunächst den sicheren Abstand, bis sie sich am Ende mutig auf die Farbe einließ. Die Kinder wurden insgesamt mutiger und sicherer in dem kreativen Raum, den ich ihnen gab. Das Gruppengefühl wuchs. Sie wussten nun: Die Kinder mit Malshirts gehen in die Werkstatt. Beim Bemalen ihres Körpers sammelten sie ganzheitliche Erfahrungen mit Fingerfarben, beispielsweise, dass man in Farbe ausrutschen kann, und erlebten ihren Körper in der Berührung und beim Betrachten im Spiegel – wodurch ihr Fühlerlebnis für sie auch sichtbar wurde.

Der Spiegel spielte bei diesem Treffen eine zentrale Rolle. Er wurde zur Betrachtung des eigenen Ichs genutzt, aber auch als Fläche, um darauf Spuren zu hinterlassen. Daraus ergab sich als Ziel für den weiteren Projektverlauf, Erfahrungen mit dem Spiegel als Fläche zu ermöglichen und Spuren mit weiteren unterschiedlichen Materialien und Gestaltungswerkzeugen zu produzieren.

In der Zeit bis zur nächsten Projekteinheit ...

Vor allem Anni und Linda beschäftigten sich seit dieser Einheit viel ausgeprägter mit ihren Extremitäten, zogen sich im Gruppenraum aus, befühlten und betrachteten ihren Körper beim Wickeln. Ich legte Pinsel, Bürsten, Schwämme und einen Igelball auf die Wickelkommode. Damit konnten sich die Kinder selbst am Körper berühren und sich dabei spüren.

Beim Aufhängen der Tonkartons mit den Abdrücken und Spuren im Gruppenraum half mir Anni. Begeistert zeigte sie auf Hand- und Fußabdrücke und rief strahlend: „Meiner!" Die Abdrücke und Fotos an der Wand im Kreativbereich schauten sich die Kinder oft an, befühlten sie und zeigten sie ihren Eltern. Auffällig war, dass vor allem Anni, die bisher überwiegend beobachtend teilgenommen hatte, am häufigsten und sehr enthusiastisch von ihren Abdrücken „erzählte" bzw. diese zeigte. Auch zu Hause würde sie sich seitdem häufig ausziehen und Abdrücke machen wollen, berichteten die Eltern.

Foto: Marina Lingenfelder

Der Kreativbereich wird weiter bestückt

Da wir so viel mit Fingerfarben erlebt hatten, wollten wir die Farben auch in unseren Kreativbereich im Gruppenraum miteinbringen. Gemeinsam füllten wir Fingerfarben in Beutel. Mithilfe einer Vakuumiermaschine zogen wir die Luft heraus und verschweißten die offene Seite. Ich wählte hierfür bewusst die vier Farben Rot, Grün, Gelb und Blau, da diese für Kinder meist die ersten Farben sind, die sie benennen können. Die Beutel klebten wir an unser Fenster, sodass die Spuren, die die Kinder beim Schieben und Drücken der Farbe mit ihren Fingern, Nasen usw. verursachten, deutlich erkennbar wurden.

Foto: Marina Lingenfelder

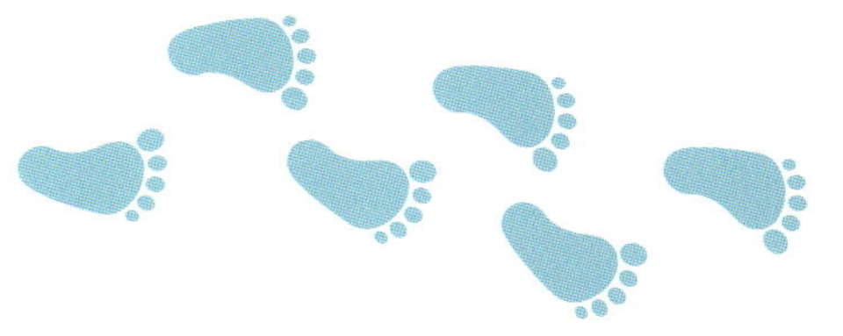

LIEBE ELTERN UNSERER SPURENFORSCHER*INNEN,

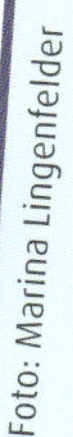
Foto: Marina Lingenfelder

nachdem wir beim letzten Mal unsere eigenen Malkittel mit Fingerfarben bemalt hatten, durften wir diese nun endlich anprobieren und zum Einsatz bringen! Die Kinder fanden es ziemlich lustig, erst nur mit Windel und dann mit ihren Shirts stolz durch die Gruppe zu hüpfen. Da letzte Woche nicht nur Farbe auf den Kitteln landete, sondern damit auch genüsslich Füße, Hände und Beine eingestrichen wurden, griff ich diesen Impuls der Kinder in dieser Einheit auf. Ziel war es, die Körperwahrnehmung der Kinder und auch ihr Gefühl der Selbstwirksamkeit zu stärken. „ICH habe mit MEINEM Körper diesen Abdruck, diese Spur, gemacht. Das war ICH!“ Dazu durften die Kinder unterschiedlichste Körperteile mit Fingerfarben und Lippenstiften anmalen. Davon machten wir Abdrücke auf Papier. Erkennen Sie, welche Körperteile die Abdrücke zeigen?

In einem großen Spiegel konnten sich die Kinder von Kopf bis Fuß betrachten. Hier ist meine Nase und da ist ein roter Punkt drauf. Ich schaue in den Spiegel, damit ich sehe, wo mein Ohr ist und ich es leichter anmalen kann. Oh, ich sehe aber lustig aus, wenn ich mich am Arm angemalt habe! Es war toll, zu beobachten, mit welcher Hingabe und Ausdauer die Kinder arbeiteten und sich auch die Kinder, die letztes Mal noch große Berührungsängste mit der Farbe zeigten, schon mehr trauten und dem Geschehen aktiver annäherten.

Foto: Marina Lingenfelder

Folgen Sie unserer Spur!

Freuen Sie sich auf die nächsten Neuigkeiten von uns Spurenforscher*innen!

Aushang

Zettel © Flas100 – Shutterstock.com

4. Projekteinheit: „Eine Spur fürs Christkind"

Offene Planung und Vorbereitung

Gruppe	Zeit	Ort	Material
komplette Krippengruppe	1–1,5 Std.	• Gruppenraum • Außengelände	• Kamera • goldene Buchhülle • Bilderbuch „Liebes Christkind, komm zu uns" • Klangstäbe • Sternenlichtlampe • Korb mit Kieselsteinen • Alufolie • Kissen, Matten, Schaumstoffwürfel, Decken

Diese Projekteinheit stellte, saisonal bedingt, einen situationsorientierten Einschub dar. Das Thema „Spuren hinterlassen" sollte sich auch im Rahmen unserer Krippen-Weihnachtsfeier wiederfinden. Die Besonderheit dieser Projekteinheit war, dass alle Kinder der Krippengruppe dazu eingeladen wurden und wir uns abends im Gruppenraum treffen wollten. Der Aufhänger für unsere „Spuren-Weihnachtsfeier" sollte das Pappbilderbuch „Liebes Christkind, komm zu uns" (Ravensburger Verlag, 2012) sein.[34] Es erzählt davon, wie die Geschwister Paul und Marie den Weihnachtstag verbringen (s. S. 74).

Foto: Marina Lingenfelder

Welche Ziele werden dabei verfolgt?

- **Ich-Kompetenz**
  Die Kinder erfahren sich selbst als aktive Spuren-Verursacher*innen.
- **Sachkompetenz**
  Die Begriffsbedeutung von „Spur" wird weiter erfahrbar.

[34] Vgl. Stiefenhofer, M., Wissmann, M., 2012

Inhaltsangabe

Liebes Christkind, komm zu uns

Von Martin Stiefenhofer

Paul und Marie sind gerade erst in das neue Haus eingezogen. Nun haben sie Angst, dass sie das Christkind dort nicht finden könnte. Also hängen sie am Weihnachtstag ein Schild mit ihren Namen an den Schneemann im Vorgarten und packen Steine in Glitzerpapier ein. Mit diesen legen sie zusammen mit ihrer Mama eine Spur von ihrer alten Wohnung bis zur Veranda des neuen Hauses. Abends feiern Paul und Marie gemeinsam mit ihren Eltern, Großeltern und den beiden Katzen Weihnachten. Auch Geschenke liegen unter dem Baum. Das Christkind hatte also durch die Glitzersteinspur den Weg zu ihnen gefunden!

Da auch ein Kind der Krippengruppe in den Ferien in ein neues Haus zog, sollte diese Einheit die aktuellen Themen der Kinder „Umzug", „Spuren" und „Weihnachten" aufgreifen. Ich plante, die Geschichte von Paul und Marie vorzulesen und gemeinsam mit den Kindern zu erleben. Auch sie sollten Glitzersteine vorbereiten und damit eine Spur für das Christkind zu unserem Krippenraum legen dürfen. Denn es ist üblich, dass das „Christkind" bei der Weihnachtsfeier Geschenke in die Kita bringt. Und schließlich sollte es uns ja auch finden!

LOS GEHT'S!

Nur vier Kinder nehmen an der Weihnachtsfeier teil, davon zwei aus dem Spuren-Projekt: Linda und Anni. Der Rest der Gruppe ist leider erkrankt. Wir beginnen die Feier mit einem gemütlichen gemeinsamen Lebkuchenessen (von den Kindern selbst gebacken) am weihnachtlich geschmückten Esstisch mit Kinderpunsch.

„Meint ihr, das Christkind bringt uns heute Geschenke? Was denkt ihr? Ob das Christkind uns hier im Kindergarten finden kann? Vielleicht weiß es gar nicht, dass wir heute hier sind, und sucht uns."

Dann berichte ich von Paul und Marie, die eine großartige Idee hatten, wie das Christkind sie finden konnte. Die Kinder wollen die Geschichte gerne hören. Ich leuchte mit einer „Sternenlichtlampe" den Weg bis zu einem Zaun-Türchen im Gruppenraum, hinter dem ich es uns bereits zum Lesen gemütlich gemacht hatte. Die Kinder versuchen, die hüpfende Sternenspur, die sich auf dem Boden abzeichnet, zu „fangen". Wir öffnen das Türchen und alle setzen sich auf die Kissen und Matten um das „Goldene Buch".

Lotta traut sich, es zu öffnen, und holt stolz das Bilderbuch heraus. Ich schlage Klangstäbe an und warte, bis der Ton verklungen ist. Nun reiche ich sie nacheinander den Kindern. Jedes darf einmal anschlagen. Es wird ganz still und ich lese die Geschichte vor. Als Paul und Marie darin die Steine in Glitzerpapier wickeln, gebe ich den Kindern vorbereitete Glitzersteine zum Fühlen. Am Ende der Geschichte frage ich:

> Wollen wir auch Steine in Glitzerpapier packen und eine Spur legen? Vielleicht findet uns dann das Christkind hier im Kindergarten!

Alle helfen aufgeregt, einen ganzen Korb voller Kieselsteine in vorbereitete Alustücke einzupacken und wir überlegen, wo das Christkind hereinkommen könnte. Die Kinder rufen:

> Große Tür! Rutsche!

Wir laufen mit dem Korb voller Glitzersteine die Wege ab und legen eine Glitzersteinspur von der Gruppentür durch den ganzen Flur bis hin zum Haupteingang und dann weiter bis hinaus zum Gartentürchen. Währenddessen legt eine Kollegin die Weihnachtsgeschenke in den Gruppenraum. „Woher sind wir eigentlich gekommen?", frage ich. Lotta zeigt auf die Gartentür:

> Da!

Ich frage weiter:

> Woran sieht man, dass wir von dort gekommen sind?

Die Kinder wissen es nicht.

> Wir sind von dort gekommen, wo eure Steine liegen. Schaut mal nach, wohin wir kommen, wenn wir der Steinspur zurückfolgen.

Linda und Lotta rennen los, an der Spur entlang bis zurück zum Gruppenraum. „Wer hat denn die Glitzersteinspur gelegt?", frage ich nun.

> Ich! Ich auch!

„Das war prima! Denn so haben wir den Weg zurück wieder gut gefunden."

Gemeinsam stellen wir uns vor die verschlossene Gruppentür und ich frage die Kinder leise:

> Meint ihr, das Christkind hat den Weg mit euren Glitzersteinen auch gefunden und war vielleicht schon da?

Gespannt laufen alle in den Gruppenraum und entdecken freudig die Geschenke auf dem Boden. Tatsächlich hat uns das Christkind gefunden – es muss unserer Glitzerspur gefolgt sein!

Zwischenreflexion und Ziele für den weiteren Projektverlauf

Den Kindern wurde bewusst, dass sie selbst die Spur gelegt hatten.

> Wer hat denn die Glitzersteinspur gelegt?
> Ich!

Dass uns am Ende das Christkind scheinbar dadurch gefunden hatte, gab ihnen das Gefühl, dass ihr Handeln als aktive Spurenhinterlassende eine **erwünschte Wirkung** verursacht hat. Auch die **Begriffsbedeutung** von „Spur" wurde durch das aktive Spurenlegen klarer. Die Kinder waren stolz darauf, durch eigene Kraft und Fähigkeiten etwas bewirkt zu haben. Sie bekamen ein Gespür für ihre **Selbstwirksamkeit**. Dieses positive Selbstwertgefühl wollte ich in den folgenden Einheiten weiter stärken.

5. Projekteinheit: „Wir hinterlassen Spuren! – Hand in Hand"

Offene Planung und Vorbereitung

Gruppe	Zeit	Ort	Material
4 Kinder, 4 Bewohner*innen des Seniorenheims	45 Min. + Wegzeit zum Seniorenheim	Seniorenheim	• Kamera • Malshirts • Tonkarton • Fingerfarben • Pinsel • Materialschalen • Waschlappen und Handtücher • Einverständniserklärungen zur Anfertigung, Verwendung und Veröffentlichung von Fotos der Senior*innen

In dieser Einheit sollten die Projektarbeitsmerkmale **„Gemeindearbeit, Öffentlichkeitsarbeit und Öffnung nach außen"** im Vordergrund stehen. Es war üblich, dass einmal im Monat eine Kita-Gruppe die Bewohner*innen des Seniorenheims vor Ort besuchte und dort sang. Da wir uns bisher hauptsächlich mit Körperabdrücken und Fingerfarben beschäftigt hatten und die Kinder sich dafür weiterhin begeisterten, wollten wir mit vier interessierten Senior*innen dieses Mal etwas Besonderes machen: ein gemeinsames Handabdruck-Bild gestalten.

In der Kita sollte dazu anschließend ein Rahmen gestaltet werden. Das gerahmte Bild wollten wir bei einem weiteren Besuch als Geschenk überreichen. Im Seniorenheim sollte dafür zu einem späteren Zeitpunkt ein kleiner Empfang stattfinden. In der Zeitung und im Gemeindeheft sollten Artikel über diese generationenübergreifende Aktion erscheinen. Einige Wochen später würde das Bild außerdem zum Anlass des 50-jährigen Jubiläums des Seniorenheims ausgestellt werden.

Denken Sie, je nach Vorgehensweisen Ihrer Einrichtung, an entsprechende Vordrucke für Foto-Einverständniserklärungen:

- für Fotos der Kinder
- für Fotos der Senior*innen

Dies ist besonders wichtig, wenn Bildmaterial veröffentlicht werden soll.

Foto: Emilia Schmidt

3. WIR HINTERLASSEN SPUREN!

Welche Ziele werden dabei verfolgt?

- **Sozialkompetenz**
  Die Kinder sammeln beim gemeinsamen Handabdruck-Machen Erfahrungen im Umgang mit älteren Menschen.
- **Ich-Kompetenz**
  Die Kinder erfahren Gemeinsamkeiten und Unterschiede bei Körperberührungen an den Händen mit Senior*innen.
- **Ich-Kompetenz**
  Die Kinder erfahren sich als kompetente Persönlichkeiten, indem sie den Senior*innen die Kenntnisse, die sie im Projekt erworben haben, weitergeben.
- **Ich-Kompetenz**
  Beim Überreichen des gemeinsam gestalteten Bildes haben die Kinder die Gelegenheit, Wertschätzung und Stolz zu erleben.

LOS GEHT'S!

Die Bewohner*innen sitzen bereits in einem großen Stuhlkreis, in dessen Mitte ein kleiner Tisch aufgebaut wurde. Unerwarteterweise wollen 14 Senior*innen an der Aktion teilnehmen statt der geplanten vier.

Ich stelle mich, die Kinder und unser Projekt kurz vor. Gemeinsam mit den Kindern richte ich den Tisch ein. Wir legen den Tisch mit einer abwaschbaren Tischdecke aus und stellen Tonkarton, Pinsel und die Flaschen mit der Fingerfarbe bereit. Auch die Heimbewohner*innen bereiten sich vor und ziehen sich Schürzen an. Wir tragen natürlich unsere Malshirts.

Carlotta traut sich, den ersten Handabdruck zu machen, und zeigt so den Senior*innen, wie das geht. Da der Tisch sehr klein ist, müssen diese nacheinander einzeln an den Tisch treten. Es können immer nur ein Kind und ein*e Erwachsene*r einen Abdruck machen. Ich achte dabei besonders auf die Bedürfnisse der Kinder in der ungewohnten Situation – beispielsweise darauf, zu wie viel Kontakt mit den fremden Personen sie bereit sind. Alle vier haben keine Berührungsängste und pinseln ganz behutsam die Hände der Senior*innen mit Farbe ein. Auch erlauben sie diesen, ihnen ihre Hände anzumalen. Jedes Paar macht einen Abdruck.

Da immer nur ein Kind aktiv Abdrücke machen kann, werden die wartenden Kinder mit der Zeit etwas unruhig. Ich gebe ihnen kleinere Aufträge, mir zu helfen, wie etwa den anderen Kindern mit Waschlappen die Hände zu waschen. Ihre Aufgaben nehmen sie sehr ernst und sind konzentriert bei der Sache. Die Heimbewohner*innen genießen sichtlich den Kontakt zu den Kindern und die Nähe, die dabei entsteht. Ein aufregender Tag für Groß und Klein!

Foto: Emilia Schmidt

Übergabe des gemeinsamen Werkes

In den Tagen bis zur Überreichung des gemeinsamen Werkes wird von den Projekt-Kindern ein Holzrahmen dafür bemalt. Alle 14 Senior*innen, die bei der Aktion mitgemacht haben, werden zudem Dankeskarten mit Kinder-Handabdrucken für den schönen Vormittag erhalten.

Am Tag des Überreichens werden wir dann von den Senior*innen im Stuhlkreis im Foyer erwartet. Die aufgenommenen Bilder der Projekteinheit laufen währenddessen auf einem großen Bildschirm in Dauerschleife. Zur Übergabe des großen Bildes helfen alle Kinder beim Tragen, es gibt Applaus und anschließend Saft und Salzstangen für alle auf einem kleinen Kindertisch.

Nachdem die Pfarrerin mit Linda angestoßen hat, macht das Mädchen auch mit den Heimbewohner*innen „Prosit". Zusammen gehen wir beide rundum und sie stößt mit allen einmal an. Während wir auf die Presse warten, entdeckt Anni den großen Bildschirm, auf dem unsere Fotos laufen. Gemeinsam mit den Senior*innen schauen wir die Diashow an. Die Kinder zeigen begeistert auf den Bildschirm und erkennen sich. Sie verlieren nach ein paar Minuten ihre Zurückhaltung, beginnen, den Raum zu erkunden und vorsichtig auf die Heimbewohner*innen zuzugehen. Linda setzt sich bei einer Seniorin auf den Schoß und schaut mit ihr ein Liederbuch an. Die Fotografin trifft ein und fotografiert mit ihrer großen Kamera, was für die Kinder ein Erlebnis ist. Schließlich laufen wir zurück zur Kita.

Zwischenreflexion und Ziele für den weiteren Projektverlauf

Dadurch, dass die Projekteinheit den Rahmenbedingungen des Seniorenheims angepasst werden musste, verlief die Aktion nicht ganz optimal für die Bedürfnisse der Kinder. In meiner Vorstellung hätte die Bildgestaltung gemeinsam an einem großen Tisch stattfinden sollen, an dem vier Heimbewohner*innen mit vier Kindern ganz in Ruhe Handabdrücke machen. So wäre es ein gemütlicherer, persönlicherer Rahmen gewesen und die Kinder hätten alle gleichzeitig aktiv sein können. Die große Gruppe ließ das Ganze eher zu einer

Foto: Emilia Schmidt

„Fließbandarbeit" werden. Ein intensiverer Kontakt war dadurch weder für die Senior*innen noch für die Kinder wirklich möglich.

Dennoch freuten wir uns natürlich über die Begeisterung der Bewohner*innen, mitmachen zu wollen. Auch im Nachhinein haben diese sehr positive Rückmeldungen gegeben. Es war zu beobachten, wie sehr sie die Nähe beim gemeinsamen Gestalten genossen. Die Kinder haben sie motiviert, aufzustehen, das Stück zum Tisch zu gehen und aktiv zu sein.

Für die Kinder war der Kontakt zu den Senior*innen eine spannende Erfahrung. Ich war sehr überrascht, wie offen sie trotz der ungewohnten Umgebung die Nähe zu den Fremden zuließen.

Maxim bemerkte, dass seine Abdrücke kleiner waren als die einer Seniorin. Er reflektierte somit im Vergleich die unterschiedlichen Größen. Damit die Kinder den Senior*innen hätten zeigen können, wie Handabdrücke zu machen sind, wäre eine kleinere Runde optimaler gewesen. So war es nicht ganz möglich, den Kindern das Bewusstsein dafür zu schaffen, dass SIE die Expert*innen waren.

Die angestrebten Bildungsziele wurden somit nur teilweise erreicht. Dennoch schufen beide Termine im Seniorenheim eine großartige Basis für weitere generationsübergreifende Begegnungen.

LIEBE ELTERN UNSERER SPURENFORSCHER*INNEN,

Foto: Emilia Schmidt

nachdem die Kinder in den letzten Wochen die verschiedensten Spuren mit Fingerfarben hinterlassen haben, griff ich dies zum Einstieg nach der Weihnachtspause nochmals auf. Wir besuchten die Bewohner*innen des Seniorenheims, um gemeinsam ein großes Bild voller Handabdrücke zu gestalten – und so auch dort Spuren zu hinterlassen. 14 Senior*innen halfen freudig mit und es war ein schönes Zusammentreffen verschiedener Generationen. Die Kinder bepinselten ohne Berührungsängste die großen Hände der Heimbewohner*innen und ließen sich umgekehrt auch von diesen ihre kleinen Hände anmalen.

Foto: Emilia Schmidt

Das großformatige Bild, das dadurch entstand, werden wir in den nächsten Tagen noch etwas vervollständigen und einen Rahmen dazu gestalten. Ende Februar sind wir im Seniorenheim zu einem kleinen Empfang eingeladen und die Kinder dürfen das Spuren-Bild ganz offiziell als Geschenk überreichen. Auch die Presse wird dabei sein. Im Oktober soll das Bild dann zum 50-jährigen Jubiläum des Seniorenheims ausgestellt werden.

Ziel war es, dass sich die Kinder als kompetent erleben: „Ich weiß schon, wie man Handabdrücke macht. Ich zeige dir, wie das geht.“ Dadurch wird ihr positives Selbstkonzept gestärkt. Im gemeinsamen Gestalten erfuhren die Kinder nicht nur ihren eigenen Körper, sondern auch Körperberührung mit anderen und erkannten Unterschiede und Gemeinsamkeiten. Beim Überreichen ihrer selbst hinterlassenen Spuren als Geschenk sollen sie stolz sein dürfen auf ihre Selbstwirksamkeit.

Foto: Emilia Schmidt

Folgen Sie unserer Spur!

Freuen Sie sich auf die nächsten Neuigkeiten von uns Spurenforscher*innen!

Aushang

6. Projekteinheit: „Schaumspiegel"

Offene Planung und Vorbereitung

Gruppe	Zeit	Ort	Material
4 Kinder	1–1,5 Std.	Werkstatt, <u>alternativ</u>: ungestörter Raum mit großer Freifläche und abwischbarem Fußboden	• Kamera • Malervlies • Farbkleckskarte und Stempelkissen • Malshirts • 2 große Spiegel • 2 Decken • 4 Flaschen Rasierschaum (ohne Parfümstoffe!) • Plastiktortenheber, unterschiedliche Spülbürsten, Lappen, Kamm, Scheibenabzieher • Spurenbox • Eimer mit warmem Wasser, Waschlappen und Handtücher

Zur Vorbereitung plante ich, den Projektraum mit Malervlies auszulegen, um ein Ausrutschen der Kinder auf dem Schaum zu verhindern. Einen Spiegel wollte ich auf den Boden legen, einen zweiten an die Wand lehnen. Die Kinder könnten so in der Waagerechten und Senkrechten arbeiten und sich aus unterschiedlichen Perspektiven dabei zusehen. Zu Beginn wollte ich beide Spiegel mit einer Decke verhüllen. Dies erzeugt Spannung bei den Kindern, sorgt für den Überraschungseffekt beim Enthüllen und hilft, dass die Kinder beim Einstieg nicht von den Materialien abgelenkt werden. Nachdem die Spiegel dann enthüllt worden wären, sollten die Kinder den Spiegel als Fläche erkunden dürfen.

Danach sollte jedes Kind eine Portion Rasierschaum in die Hände bekommen. Ich wollte ihnen Zeit für ein erstes genaues Untersuchen des Materials mit den Händen und an ihrem Körper geben. So konnten beide Elemente dieser Einheit zunächst einzeln mit voller Aufmerksamkeit erforscht und danach verbunden werden. Handlungsbegleitend und situationsbezogen wollte ich Impulsfragen stellen:

„Wo ist dein Schaum hin?

Wie fühlt sich das an?

Ist es rutschig, wenn der Schaum auf dem Spiegel ist?"

Die Gestaltungswerkzeuge wollte ich zunächst an der Seite platzieren, damit die Kinder die Elemente ...

1. Spiegel,
2. Schaum,
3. Spiegel + Schaum,
4. Spiegel + Schaum + Gestaltungswerkzeuge

... nacheinander wahrnehmen könnten.

3. WIR HINTERLASSEN SPUREN!

Welche Ziele werden dabei verfolgt?

- **Sachkompetenz**
  Die Kinder sammeln ganzheitliche Erfahrungen mit Rasierschaum und dem Spiegel als Fläche und Untergrund.
- **Ich-Kompetenz**
  Die Körperwahrnehmung wird gestärkt, indem die Kinder ihren Körper während des Spurenhinterlassens auf den Spiegeln aus mehreren Perspektiven sehen können.
- **Sachkompetenz**
  Die Kinder üben sich im Umgang mit unterschiedlichen Gestaltungswerkzeugen (Sachkompetenz).
- **Ich-Kompetenz, Sachkompetenz**
  Die Kinder sammeln Erfahrungen darin, Spuren in auftragender Weise (Rasierschaum auf dem Spiegel verteilen) und in abtragender Weise (Schaum von der Spiegelfläche entfernen) zu hinterlassen.

LOS GEHT'S!

Wir beginnen mit der Farbkleckskarte im Sitzkreis. Ich zeige den Kindern Fotos und ein Video der letzten Werkstatt-Einheit, auf denen sie beim Bemalen des Spiegels zu sehen sind.

> „Wie hat sich das angefühlt, als ihr die Farbe mit den Händen auf dem Spiegel verteilt habt?"

Nachdem die Kinder interessiert das Video und die Fotos betrachtet haben, trauen sich Maxim und Linda, die Spiegel zu enthüllen.

Der Bodenspiegel weckt sofort die Neugierde aller Kinder. Wir beugen uns darüber und schauen uns an. Maxim setzt einen Fuß auf die Spiegelfläche und läuft strahlend und hochkonzentriert ganz vorsichtig bis zur anderen Seite. Das war ziemlich aufregend. Er wiederholt dies und wird immer sicherer und schneller. Die anderen wollen den Spiegel an meiner Hand überqueren. Alle schauen beim vorsichtigen Gehen nach unten in den Spiegel.

Nachdem die Kinder die Fläche ausgiebig erkundet haben, setzen wir uns noch mal zusammen und ich gebe jedem eine Portion Rasierschaum zum bewussten Fühlen am Körper. Anni möchte den Schaum noch nicht berühren. Linda und Maxim verteilen den Schaum direkt mit beiden Händen auf dem Bodenspiegel.

„Mehr!", verlangen sie. Maxim rutscht beim Schmieren im Sitzen zweimal mit den Händen weg und kippt um. „Das ist rutschig!", stellt er fest. Wir stellen die Regel auf, dass man nun nicht mehr über den Spiegel laufen darf, weil man ausrutschen könnte. Maxim:

> Da kann man ausrutschen!

Anni beobachtet bisweilen das Geschehen sitzend mit Abstand. Ich setze mich mit ihr auf dem Schoß an den Rand des Spiegels und setze ihr einen Schaumklecks auf den Fuß. Das ist ihr unangenehm. Wir waschen den Klecks ab und machen stattdessen einen Fußabdruck in den Schaum auf der Spiegelfläche. Das findet sie toll und strahlt. Maxim und Linda reiben ihre Beine komplett mit Schaum ein und versuchen nun auch, Fußabdrücke zu machen. Linda geht wie beim Abdruckmachen mit Farbe vor: Sie bestreicht ihre Fußsohle mit viel Schaum und drückt ihn dann in den Schaum auf dem Spiegel. Sie bemerkt, dass das hier so nicht funktioniert, weil der Spiegel schon voller Schaum ist. Als der Bodenspiegel komplett schaumbedeckt ist, streicht Maxim auch den Wandspiegel von unten bis ganz oben, auf Zehenspitzen stehend, ein. „Maxim, wo bist du denn jetzt im Spiegel?", frage ich. Er antwortet:

> Weg! Anni auch!

Nun lege ich Schwämme, Lappen, Bürsten und Korken zum Spurenhinterlassen aus. Linda und Maxim schieben, wischen und tupfen den Schaum damit ab und entdecken sich plötzlich wieder im Spiegel. Auch Anni hilft mit einem Lappen, die Spiegel frei zu putzen – stets darauf bedacht, nicht mit dem Schaum in Berührung zu kommen. Die Gestaltungswerkzeuge ermöglichen ihr, trotzdem mit dem Schaum zu arbeiten. Maxim nimmt sich eine Rasierschaumflasche und drückt mit beiden Händen fest auf den Sprühkopf. Glucksend und stolz schaut er zu, wie Schaummassen auf den Bodenspiegel fallen. Dann ist die Flasche leer. Später erzählt er, dass, wenn man fest auf die Flasche drückt, „dann all all passiert."

Maxim hat plötzlich die Idee, über den Spiegel zu laufen. Ich erinnere ihn an unsere Regel, füge aber hinzu, dass die Kinder es probieren dürfen, wenn ich sie zur Sicherheit an den Händen halte. Maxim bewegt sich fröhlich-konzentriert über die glitschige Fläche.

Seine Füße rutschen immer wieder weg, was er sehr lustig findet.

> Ich laufe Schlittschuhe!

Linda möchte es auch probieren. „Schlittschuh!", ruft sie.

Während ich nun beide an den Händen halte, lässt Anni den Lappen fallen und ruft: „Ich auch!" Sachte gleitet sie an meinen Händen über die Spiegelfläche, schaut konzentriert auf ihre Füße und dann voller Stolz zu meiner Kollegin. Bevor wir uns waschen, schaut Maxim sich beide Spiegel noch einmal an und fasst zusammen:

> Haha, macht mir Spaß!
> Das hat mir gefällt!

Zwischenreflexion und Ziele für den weiteren Projektverlauf

Beim **aktiven und ganzheitlichen Forschen** mit Schaum, Spiegel und Gestaltungswerkzeugen wurden alle erwünschten Ziele erreicht. Die Kinder sammelten Erfahrungen im Auf- und Abtragen des Schaums und erkannten, dass dabei ihr Spiegelbild „verschwand" und wieder „auftauchte". Es erwies sich als sinnvoll, die Kinder zunächst die Spiegel als Flächen und dann das Material Schaum haptisch erfahren zu lassen, bevor die Gestaltungswerkzeuge dazugereicht wurden. So konnten sich die Kinder zunächst auf das Einzelne konzentrieren und dann eine Verbindung herstellen.

Foto: Marina Lingenfelder

An einem der folgenden Tage bauten die Kinder und ich das Ganze in kleinem Rahmen in unserem Kreativbereich nach. Dazu legten wir einen Spiegel in die Materialwanne. Die Kinder platzierten zunächst unterschiedlichste Gegenstände aus dem Gruppenraum auf der Spiegelfläche. Auch ihre Kuscheltiere wurden gespiegelt. Und sie spiegelten sich selbst mit großen Hüten. Beim Schmieren mit Schaum nutzten sie aktiv die Gestaltungswerkzeuge der Spurenbox. Außerdem verwendeten sie Spielzeugautos, mit denen sie Reifenspuren auf dem Spiegel hinterließen.

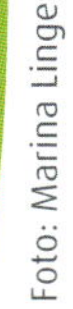

Foto: Marina Lingenfelder

Im bisherigen Projektverlauf lag der Fokus bedürfnisorientiert auf der Materialerfahrung am eigenen Körper. Bei dieser Einheit zeigten die Kinder großes Interesse am Spurenhinterlassen mit **Gestaltungswerkzeugen**, sowohl auf dem Bodenspiegel als auch stehend am Wandspiegel. Die **Erfahrungserweiterung** mit Gestaltungswerkzeugen und unterschiedlichen Raumflächen sollte daher ein Ziel für den weiteren Projektverlauf sein.

Foto: Marina Lingenfelder

LIEBE ELTERN UNSERER SPURENFORSCHER*INNEN,

bei unserer ersten Projekteinheit, in der wir Körperabdrücke mit Fingerfarbe erstellten, verwendete ich einen Spiegel, der zur Betrachtung des Ichs in Farbe gedacht war. Vor allem Maxim und Linda erweiterten seine Funktion, indem sie kurzerhand mit Schwung Farbe über der glatten Oberfläche verteilten.

Diesen Impuls griff ich in der neuen Projekteinheit auf. Materialerfahrungen durften wir dieses Mal mit Rasierschaum auf den Flächen eines großen Boden- und eines Wandspiegels sammeln. Ziel war es, die Körperwahrnehmung der Kinder zu stärken, indem sie sich während des Spurenhinterlassens auf dem Spiegel selbst aus mehreren Perspektiven sehen konnten.

Foto: Marina Lingenfelder

Es war schon ein Abenteuer, den Bodenspiegel – ohne Schaum – gehend zu überqueren. Mit dem Auftragen des Rasierschaums merkten die Kinder schnell: „Da kann man ausrutschen." Der Schaum wurde begeistert auf den Spiegelflächen verteilt, bis schlussendlich so viele Schaumwischspuren hinterlassen wurden, dass kein Kind mehr im Spiegel zu sehen war. Schließlich bekamen die Kinder unterschiedliche Gestaltungswerkzeuge (Spülbürsten, Scheibenabzieher, Schwämme etc.), um nun auch in abtragender Weise Spuren zu hinterlassen.

Als Maxim sich traute, an der Hand über den glitschigen Spiegel zu schlittern, rief er strahlend: „Ich laufe Schlittschuhe!" Und das ließen sich die anderen nicht zweimal sagen: Alle liefen eine Partie „Schlittschuhe". Schneeballwerfen ließ der Schaum allerdings nicht zu, stellten sie fest. Aber schneien lassen konnten wir es ganz wunderbar, indem wir Schaum in die Hände nahmen und klatschten. Vorher musste man die Sprühdose schütteln und ganz fest drücken. Und was passierte dann? „Dann all all passiert!", um es in den Worten der Kinder zu sagen.

Beim abschließenden „Selbstwaschen" gab es eine strahlende Rückmeldung: „Haha, das hat mir gefällt!!!"

Folgen Sie unserer Spur!

Freuen Sie sich auf die nächsten Neuigkeiten von uns Spurenforscher*innen!

Aushang

7. Projekteinheit: „Über, unter, neben mir – aufs Papier!"

Offene Planung und Vorbereitung

Gruppe	Zeit	Ort	Material
4 Kinder	1–1,5 Std.	Werkstatt, <u>alternativ</u>: ungestörter Raum mit großer Freifläche und abwischbarem Fußboden	• Kamera • Abdeckfolie, Klebeband • Farbkleckskarte und Stempelkissen • Fotos der letzten Einheit • Malshirts • Pappkartons unterschiedlicher Größe • Fingerfarben • Plastiktortenheber, Spülbürsten, Lappen, Kamm, Scheibenabzieher, Malerrollen, Pinsel • Materialschalen • Seil • Spurenbox • Eimer mit warmem Wasser, Waschlappen und Handtücher

Im Vorfeld möchte ich Boden und Wände mit Abdeckfolie abkleben. Aus Pappkartons will ich eine „Landschaft" bauen, die den Kindern Malflächen auf unterschiedlichen Ebenen bietet (in der Horizontalen und Vertikalen, an Steigungen usw.). Diese sollen die Kinder mit Fingerfarben und unterschiedlichen Gestaltungswerkzeugen bearbeiten können.

Welche Ziele werden dabei verfolgt?

Ich-Kompetenz
Die Kinder üben sich in der Wahrnehmung ihres eigenen Körpers im Raum (über, unter, neben ...).

Sachkompetenz
Die Kinder üben sich im Umgang mit unterschiedlichen Gestaltungswerkzeugen.

Sachkompetenz
Die Kinder agieren im dreidimensionalen Raum.

LOS GEHT'S!

Die Einleitung findet in einem anderen Raum statt, damit die Kinder von der bereits aufgebauten Landschaft nicht abgelenkt werden. Wir beginnen im Sitzkreis mit der Farbkleckskarte. Ich stelle die gefüllte Spurenbox mit den Gestaltungswerkzeugen und Fotos der letzten Einheit in die Mitte. Auf den Fotos sind die Kinder beim Bemalen des Wandspiegels zu sehen.

„Habt ihr den Schaum lieber auf dem Spiegel auf dem Boden oder auf dem Spiegel an der Wand verteilt?

Was war da besser? Was war nicht so gut?"

Ich erzähle, dass ich in der Werkstatt etwas zum Malen aufgebaut habe. Wir „fahren mit dem Zug" dorthin, d. h., wir halten uns alle an einem Seil fest und gehen gemeinsam zur Werkstatt.

In der Werkstatt angekommen, „steigen wir aus" und die Kinder dürfen durch die Kartonlandschaft laufen und sich alles anschauen. Ich verteile die Gestaltungswerkzeuge (Schwämme, Bürsten, Malerrollen und Pinsel) und lasse den Kindern freie Hand.

Impulsfragen während des Bemalens unterschiedlicher Flächen sind:

„Was passiert, wenn man mit ganz viel Farbe die Wand bemalt?"

„Wie können wir die Tunneldecke erreichen, um sie zu bemalen?"

Die Kinder nutzen die Gestaltungswerkzeuge prompt, um sich selbst damit anzumalen. Linda zeigt mir ihre Hand, die voller Farbe ist. Ich schlage vor, dass sie damit einen Handabdruck an der Wand machen könnte. Die anderen schauen ihr zu und Maxim geht mit seiner Farbrolle zur Wand und rollt damit so hoch nach oben, wie er auf Zehenspitzen kommt. Dabei stützt er sich mit der Hand ab und hinterlässt einen Handabdruck. Die Wandfläche scheint nun „eröffnet" und alle machen Handabdrücke. Anni gefällt es, wenn ich ihre Hand mit der Farbrolle rot anmale, sodass auch sie einen Handabdruck an der Wand hinterlassen kann.

Irgendwann beginne ich, die Kartons mit einer Farbrolle anzumalen. Die Kinder folgen dem Impuls und benutzen unterschiedliche Gestaltungswerkzeuge. Um an die Tunneldecke zu kommen, müssen sie sich auf die Zehenspitzen stellen. Anni sitzt an der Seite und beobachtet uns. Maxim und Linda finden zusammen heraus, dass, wenn man die Farbrolle fest in der Hand drückt, Farbe zwischen den Fingern herausläuft, und sie wiederholen dies mehrmals.

Carlotta und Maxim bemalen sich an einem „Kartontisch" die Hände. Später verteilt Linda dort viel Farbe und patscht mit flacher Hand immer wieder hinein. Diese Vorgehensweise hatte ich schon in den vergangenen Einheiten bei ihr beobachtet. Ich setze mich ihr gegenüber und mache mit. Wir hören, wie es klingt.

Anni wischt mit ihrem Waschlappen die mit Farbe bekleckten Folien und Kartons und den Boden. Da die anderen wirklich überall Farbe verteilen, hat sie ganz schön viel zu tun. Aber sie gibt nicht auf und putzt sehr fleißig.

Carlotta hat eine Bürste für sich entdeckt und bedruckt damit das Papier an der Wand. Sie streckt mir ihren Fuß entgegen, damit ich ihn halte, und beginnt mit der Bürste, ihr Bein anzumalen. Immer mehr Farbe nimmt sie dazu. Auch ich soll ihr Bein anmalen. Doch mit der Bürste kann man nicht nur malen, sondern auch spritzen. Das gibt lustige Spritzpünktchen an der Wand.

Linda setzt sich, schmiert ihre Füße und Beine weiter mit Farbe ein, steht dann auf und schlittert etwas. „Ich rutsche", stellt sie fest. Ich gebe ihr meine Hand und sie beginnt, „Schlittschuh" auf der mit Farbe bekleckten Folie zu laufen, genau wie in der Einheit mit Spiegel und Rasierschaum. Auch Carlotta macht mit.

Zum Abschluss „fahren wir alle mit dem Zug" durch unsere selbst bemalte Landschaft. Die Kinder und ich halten uns mit einer Hand an einem Seil fest, laufen hintereinander durch die Landschaft und schauen uns alles noch einmal an. Alle bekommen die Möglichkeit, zu ihren gemalten Stellen etwas zu sagen oder darauf zu zeigen. Auch wenn die Kinder davon wenig Gebrauch machten, gab ich Ihnen damit die Gelegenheit, sich mitzuteilen und zu reflektieren.

Wir sammeln alle Materialien in der Spurenbox und waschen uns.

Zwischenreflexion und Ziele für den weiteren Projektverlauf

Durch **Impulsgebung** haben die Kinder die unterschiedlichen Flächen mit Gestaltungswerkzeugen bemalt. Immer wieder kehrten sie dabei aber zur Bemalung ihres Körpers zurück. Sie schienen in ihrem **Explorationsradius** immer noch stark auf sich selbst fokussiert zu sein. Die von mir angestrebten Bildungsziele wurden daher allenfalls ansatzweise und nach meiner Einschätzung für die Kinder nicht nachhaltig und interessenorientiert erreicht. Für den weiteren Projektverlauf nahm ich mir daher vor, wieder stärker auf die Bedürfnisse der Kinder einzugehen und ihnen weitere sinnliche Erfahrungen mit neuen Materialien zu ermöglichen. Das Materialangebot und die Umgebung sollten dabei so gestaltet werden, dass **sinnliche Wahrnehmung** am Körper und das Spurenhinterlassen in der Umgebung je nach Bedürfnis zugleich möglich wären.

LIEBE ELTERN UNSERER SPURENFORSCHER*INNEN,

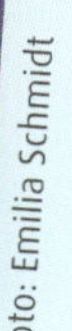

Foto: Emilia Schmidt

nachdem die Kinder letzte Woche interessiert die Flächen der Boden- und Wandspiegel erkundeten, sollte es nun mit dem ganzheitlichen Erfahren unterschiedlicher Raumflächen weitergehen. Verschiedenste Gestaltungswerkzeuge und Fingerfarben standen ihnen zum Bemalen der Senkrechten, Stufen, Schrägen und Tunneldecken zur Verfügung. Soweit der Plan, Frau Dahl!

Die Kinder hatten da eher ganz eigene Vorstellungen, was sie mit den Farben anstellen wollten. Weitaus interessanter war das Bemalen des eigenen Körpers, womit die Kinder sofort loslegten. Anregungen zur Bemalung der Flächen beeindruckten sie eher weniger. Allerdings konnte man mit den angemalten Händen ganz wunderbare Handabdrücke an der Wand hinterlassen. Zwischendurch bekam die ein oder andere Stelle der aufgebauten Mallandschaft doch noch einen bunten Anstrich. Man musste sich ganz schön strecken, um die Decke des Tunnels zu erreichen. Auf Zehenspitzen und mit langen Pinseln oder Farbrollen haben es die Kinder dann schließlich geschafft, auch hoch oben Spuren zu hinterlassen.

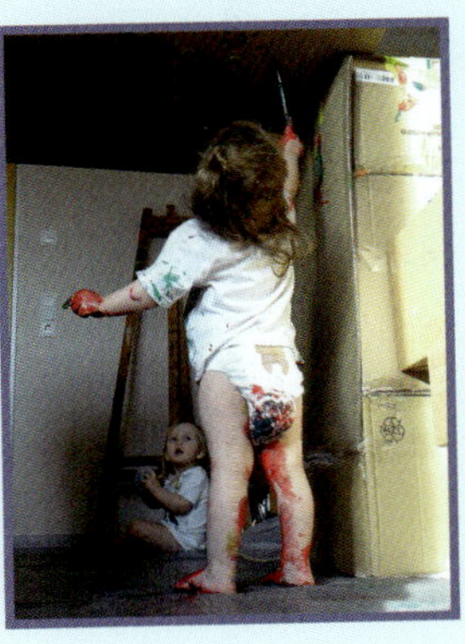

Maxim und Carlotta stellten fest, dass Farbe aus der Farbrolle herauskommt, wenn man sie in der Hand ganz fest drückt. Als der mit Malerfolie ausgelegte Boden mit immer mehr Farbe bedeckt war, bemerkte Linda: „Das ist rutschig!“, und sie begann, vorsichtig „Schlittschuh“ zu laufen.

In dieser Einheit sollten die Kinder planmäßig Erfahrungen mit dem Farbauftrag im dreidimensionalen Raum sammeln und ihren eigenen Körper im Raum wahrnehmen. Diese Ziele wurden nur in Teilen erreicht. Die Kinder gaben mir auf ihre Weise zu verstehen, dass für sie die körperliche Wahrnehmung weiterhin im Mittelpunkt steht. Diese Beobachtung werde ich für den weiteren Projektverlauf berücksichtigen.

Folgen Sie unserer Spur!

Freuen Sie sich auf die nächsten Neuigkeiten von uns Spurenforscher*innen!

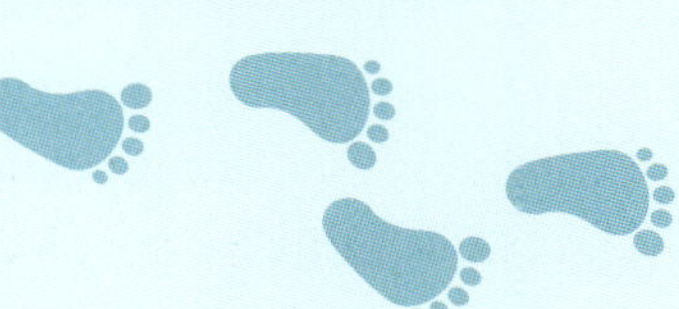

Aushang

8. Projekteinheit: „Haptische Spuren aus farbigem Sand“

Offene Planung und Vorbereitung

Gruppe	Zeit	Ort	Material
4 Kinder	1–1,5 Std.	Werkstatt, <u>alternativ</u>: ungestörter Raum mit großer Freifläche und abwischbarem Fußboden	• Kamera • Abdeckfolie, Klebeband • Farbkleckskarte und Stempelkissen • Fotos der letzten Einheit • Malshirts • große Pappen, mit Raufasertapete beklebt • Wandspiegel • Fingerfarben • Sand (mehrere Eimer) • Kleister, Wasser • Pappkarton • Spielzeugautos • Materialschalen • Spurenbox • Eimer mit warmem Wasser, Waschlappen und Handtücher

TIPP

Um die Kinder auf die Einheit vorzubereiten, können Sie vorab gemeinsam mit ihnen den Kleister anrühren und sie Sand aus dem Sandkasten in Eimer schaufeln lassen, die anschließend in den Projektraum gebracht werden.

In dieser Einheit wollte ich ein bekanntes Material mit zwei neuen kombinieren: die bereits bekannte Fingerfarbe mit Sand und Kleister. Ziel war es, den Kindern neue Sinneserfahrungen am Körper und auf verschiedenen Untergründen zu ermöglichen.

Die einzelnen Materialien sollten zunächst für sich von den Kindern untersucht werden können. Danach sollte alles von ihnen zu einer Masse gemischt werden, womit die Kinder die mit Raufasertapete beklebten Pappen gestalten konnten. Auch hier war das Arbeiten vor einem Wandspiegel geplant. So hatten die Kinder die Möglichkeit, sich selbst bei ihrer Tätigkeit zu beobachten.

Welche Ziele werden dabei verfolgt?

Sachkompetenz
Die Kinder sammeln ganzheitliche Erfahrungen mit dem Sand-Kleister-Farb-Gemisch und der Raufasertapete als Untergrund.

Ich-Kompetenz, Sachkompetenz
Die Kinder üben sich darin, haptische, bleibende Spuren in auftragender Weise zu erzeugen.

LOS GEHT'S!

Nach dem Einstiegsritual beginnen wir im Sitzkreis mit dem Befühlen von Sand in einem Eimer. Maxim, Carlotta und Linda bohren mit den Fingern im Sand, nehmen ihn in die Hände und lassen ihn auf die Folie rieseln. Wir lauschen, wie das klingt. Anni, die langsam nach hinten rückt, beobachtet das Geschehen.

Ich stelle den Sand zur Seite und eine große Schüssel Kleister in die Mitte. Maxim, Carlotta und Linda rühren sofort mit den Händen in der glibberigen Masse und schauen sich ihre tropfenden, glitschigen Hände an. Maxim steckt eine Hand in den Kleistereimer und die andere Hand in den Sandeimer. Dabei rührt er in beiden Eimern gleichzeitig, bis er Sand in den Kleister streut. Zum Mischen hole ich einen großen Pappkarton, in den wir gemeinsam zwei Eimer Sand und zwei Schüsseln Kleister schütten. Die Kinder merken, dass die Kleisterschüssel zu schwer ist, um sie allein hochzuheben. Wir machen es zusammen. Bis auf Anni, die vom Rand der Aktionsfläche aus beobachtet, mischen, graben und rühren die Kinder mit den Händen alles zu einem glibberigen Gemisch.

Ich lege vier große, mit Raufastertapete beklebte Pappen aus, auf denen die Kinder das Gemisch ausbreiten und weiter erforschen können. So hat jede*r die Möglichkeit, eine eigene Fläche zu bearbeiten oder mit den anderen gemeinsam zu forschen. Letztendlich nutzen alle Kinder alle Pappen. Keines der vier besteht auf einer eigenen. Maxim und Carlotta beschäftigen sich zum Großteil damit, ihre Hände in das Gemisch zu tauchen, sich dann vor die auf dem Boden liegenden Pappen zu stellen und mit den Händen zu wedeln, sodass viele Spritzer auf der Tapete landen. Linda läuft über die bespritzten Pappen und hinterlässt dabei sandige Fußspuren.

Um die Spuren noch deutlicher zu machen, verlangen die Kinder nach Fingerfarbe, die sie in die in die Masse mischen. Sie sitzen um die Pappen herum und schmieren sich Arme, Füße, Bauch und Beine ein. Der Sand kitzelt auf der Haut. Carlotta und Maxim verteilen die Masse mit beiden Händen wischend auf der Tapete. Als weiteren Impuls gebe ich Spielautos in die Aktion hinein, die die Kinder in das Gemisch tauchen und durch die Matschlandschaft fahren lassen. Es entstehen Reifenspuren. Die getrockneten Spurenpappen stellen wir später an unserer Garderobe aus.

Zwischenreflexion und Ziele für den weiteren Projektverlauf

Den Kindern wurden **viele Sinneseindrücke** geboten. Das stufenweise Hinzugeben von Materialien beugte einer Überforderung vor und regte zu vertiefendem Forschen an. Die körperliche Wahrnehmung mit dem Material beschränkte sich nur noch auf kurze Sequenzen. Im Zentrum stand für die Kinder vor allem das Spuren hinterlassende Verteilen des Materials im Raum durch Bewegung – schmierend, spritzend und rennend. Sie zeigten einen ausgeprägten Bewegungsdrang, den ich etwas bremsen musste, da die Einheit, jahreszeitlich bedingt, drinnen stattfand. Als **Ziel** für den weiteren Projektverlauf ergab sich somit, den Kindern das Spurenhinterlassen durch weitere Bewegung zu ermöglichen.

Foto: Emilia Schmidt

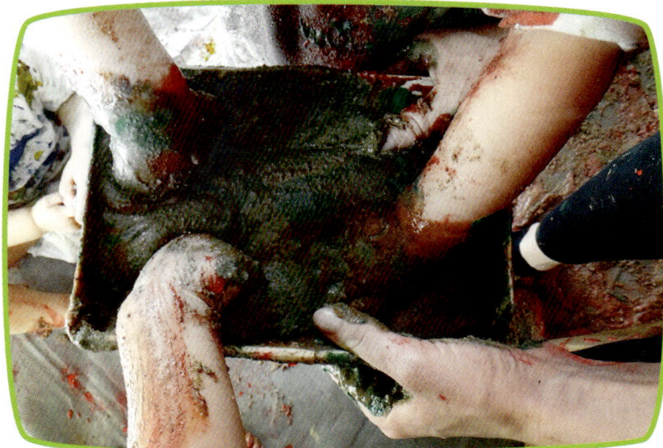

Foto: Emilia Schmidt

Foto: Emilia Schmidt

LIEBE ELTERN UNSERER SPURENFORSCHER*INNEN,

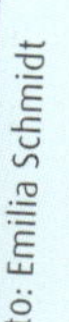
Foto: Emilia Schmidt

nachdem mir die Kinder beim letzten Treffen deutlich gezeigt hatten, welche Interessen SIE gerade haben, ging es diese Woche wieder ganz sinnlich weiter. Alles, was wir für eine tolle Matschparty brauchten, war: Kleister, große Pappen, mit Raufasertapete beklebt, Spielzeugautos, Fingerfarben und Sand. Den hatte uns Maxim einen Tag zuvor ganz fleißig und mit vollstem Arbeitseinsatz aus dem Sandkasten in Eimer geschaufelt.

Foto: Emilia Schmidt

In der Werkstatt erkundeten wir zunächst, wie sich Sand und Kleister anfühlen. „Kalt!“ war der Kleister und ganz schön glitschig. Sofort begannen die Kinder, Sand und Kleister zu einer Masse zu vermischen. Um besser rühren zu können, kippten wir zunächst den Sand aus den Eimern in einen großen Pappkarton. Dann hievten Carlotta und ich die schwere Schüssel Kleister gemeinsam hoch und leerten gleich noch eine zweite hinterher.

Am aufregendsten fanden es die Kinder, wild mit den Händen voller Sand-Kleister-Gemisch zu wedeln und zuzuschauen, wie dabei die Masse in alle Richtungen spritzte. Überall befanden sich Spritzspuren, die auf der weißen Tapete besonders gut zu sehen waren. Um die Sache noch weiter aufzupeppen, gossen wir Fingerfarben hinzu. Genüsslich wurden Beine, Arme und Bäuche damit eingerieben. Das kribbelte und war gar nicht mehr so zart wie pure Farbe. Im großen Wandspiegel konnten sich die Kinder beim Forschen jederzeit selbst beobachten. Als alle Pappen dick mit der bunten Sandmasse bespritzt und beschmiert waren, durften schließlich Spielzeugautos durch die Matschlandschaft flitzen. Auch die haben tolle Spuren hinterlassen, genau wie die Füße der hinterherlaufenden Kinder.

Es war eine actionreiche Einheit, die Erfahrungen mit einem ganz neuen Material für die Kinder bot. Sie hinterließen haptische Spuren, die auf den getrockneten Pappen als Bildwerke erhalten blieben.

Folgen Sie unserer Spur!

Freuen Sie sich auf die nächsten Neuigkeiten von uns Spurenforscher*innen!

Aushang

9. Projekteinheit: „Bunte Bewegung"

Offene Planung und Vorbereitung

Gruppe	Zeit	Ort	Material
4 Kinder	1 Std.	Werkstatt, <u>alternativ</u>: ungestörter Raum mit großer Freifläche und abwischbarem Fußboden	• Kamera • Abdeckfolie, Klebeband • Farbkleckskarte und Stempelkissen • Fotos der letzten Einheit • Malshirts • große Pappen, mit schwarzem Tonpapier beklebt • Klarsichtfolie • Fingerfarben • Wandspiegel • Musikplayer • Spurenbox • Eimer mit warmem Wasser, Waschlappen und Handtücher

Für diese Projekteinheit war etwas Vorbereitung meinerseits nötig: Großformatige Pappen wurden mit schwarzem Tonpapier beklebt. Anschließend tropfte ich verschiedenfarbige Fingerfarben auf das Tonpapier. Schließlich wurden die Pappen mit Klarsichtfolie umwickelt. Meine Intention war es, dass die Kinder die Farbkleckse unter der Folie durch unterschiedliche Bewegungsformen, z. B. durch Hüpfen, Stampfen und Rollen, verteilen und auf diese Weise Spuren hinterlassen. Spiegel und Farbverteilung lassen die Wirkung der Körperbewegungen somit gleich zweifach sichtbar werden. Musik sollte dabei zur Bewegung anregen. So würde die Bewegungsfreude der Kinder aufgegriffen, die sich in der vorherigen Projekteinheit zeigte. Zum Abschluss sollten dann gemeinsam die Folien über der Farbe abgezogen und die Werke betrachtet werden.

Welches Ziel wird dabei verfolgt?

Ich-Kompetenz
Die Kinder erfahren ihren Körper in Bewegung und wie sie durch Bewegung ihre Umwelt verändern können.

INFO

Wir alle kennen es nur zu gut, dass Pläne nicht selten durchkreuzt werden. Aus situationsbedingten Gründen konnte diese Einheit leider nicht stattfinden. Das Geplante sollte später im Rahmen des Projektabschlusses nachgeholt werden.

Im Kreativbereich ...

In den letzten Wochen konnte ich beobachten, dass die Kinder ein großes Verlangen hatten, die Dokumentationsfotos, die im Wickelbereich an der Wolke baumelten, in die Hände zu nehmen. Diesen Impuls der Kinder griff ich zur Vorbereitung des bald anstehenden Projektabschlusses auf. Ich installierte eine Sperrholzplatte, die ich mit Klettpunkten beklebt hatte, an der Wand im Kreativbereich. Daran heftete ich Fotos von allen Projekteinheiten, einlaminiert und ebenfalls mit Klettpunkten versehen. Diese Fotowand voller Projekterlebnisse lud zum Betrachten, Reflektieren, Erzählen und eigenständigen Umgestalten durch das – ritsch, ratsch – Tauschen der Bilder ein.

10. Projekteinheit: „Rollende Farbe"

Offene Planung und Vorbereitung

Gruppe	Zeit	Ort	Material
4 Kinder	1–1,5 Std.	Werkstatt, alternativ: ungestörter Raum mit großer Freifläche und abwischbarem Fußboden	• Kamera • Abdeckfolie, Klebeband • alte Malerkittel, Stühle • Papierbahnen • Farbkleckskarte und Stempelkissen • Fotos der letzten Einheit • Malshirts • Fingerfarben, mit Wasser verdünnt • Materialschalen • Wandspiegel • Luftballons, verschiedene Bälle, Holzkugeln, Igelbälle, Gummireifen • Tuch zum Abdecken • Turnbänke • Spurenbox • Eimer mit warmem Wasser, Waschlappen und Handtücher

Bei dieser Projekteinheit war mein Ziel, die Kinder stärker mit in die Planung einzubeziehen. Nachdem wir uns gemeinsam die Fotos eines Buches zum Thema „Kreatives Gestalten in der Krippe“ angeschaut hatten, fragte ich sie, was sie gerne in der nächsten Projekteinheit machen möchten.

Maxim antwortete: „Farbe und Luftballon!“ Wie er auf die Idee kam, weiß ich nicht, denn davon war in dem Buch nichts zu sehen gewesen. Vielleicht hatte er sich an eine Bewegungsstunde erinnert, in der wir einen Luftballon gefunden hatten. Ich fragte auch die anderen drei, ob sie Lust dazu hätten, etwas mit Farben und Luftballons zu machen. Das hatten sie.

Aus ihrer Reaktion und ihrem aktuellen Interesse an Bällen und von Rampen rollenden Autos leitete ich das Motto „rollende Farbe“ ab und wir sammelten gemeinsam in der Turnhalle rollende Objekte, die wir in der nächsten Projekteinheit benutzen wollten.

Zur Vorbereitung der Projekteinheit legte ich später den Werkstattboden mit Abdeckfolie aus. Darüber kamen große Papierbahnen. Vor die Wände stellte ich zum Schutz mit alten Malkitteln behängte Stühle. Ein großer Spiegel wurde an die Wand gelehnt.

Nun befestigte ich an einer der Papierbahnen zwei aufgeblasene Luftballons an jeweils einem Stück Schnur. Die Aktionsfläche begrenzte ich mit Turnbänken, damit die Farbkugeln nur innerhalb der abgeklebten Fläche verwendet werden konnten.

Die Aktionsfläche auf dem Boden deckte ich zu Beginn mit einem Tuch ab, um die ungeteilte Aufmerksamkeit der Kinder im Sitzkreis zu bekommen und einen Spannungseffekt zu erzeugen.

Tabellarischer Verlaufsplan:

Beispiel

Offene Planung der 10. Projekteinheit *(Partizipationsstufe 6)*

Phase	Inhalt	Impulsfragen	Material	Ort	Dauer
Vorbereitung	*s.o.*				
Einstieg/ Hinführung	Wir beginnen das Treffen wie immer mit unserer Farbkleckskarte im Sitzkreis. Ich erinnere die Kinder an die Bewegungsstunde mit dem Luftballon und frage sie, was sie mit dem Luftballon gemacht haben (werfen, rollen, auf den Boden klopfen ...). Danach dürfen sie das Tuch wegnehmen und sich die Aktionsfläche anschauen.	„Wisst ihr noch, was ihr euch für heute gewünscht hattet?“	Farbkleckskarte	**Werkstatt**	**5 Min.**
Überleitung/ Erarbeitung	Wir verdünnen gemeinsam die Fingerfarben mit Wasser. (Das vereinfacht später das Rollen.)		• Fingerfarben • Wasser • Materialschalen	**Werkstatt**	**3 Min.**

Hauptteil/ Vertiefung	Nun gebe ich Impulsmaterialien hinzu. Die Regeln sind: • Die harten Bälle dürfen nur gerollt, nicht geworfen werden. • Der Wandspiegel wird heute nicht bemalt (um die Sicht nicht zu verdecken). Ich beobachte, was die Kinder mit den Impulsmaterialien machen, und reagiere auf ihr Verhalten. Möglich wäre: den Ballon in Farbe zu tauchen, damit über das Papier zu wischen oder die Bälle und Gummireifen durch Farbe rollen zu lassen. Das Wirken der Kinder soll durch die erzeugten Farbspuren und die Reflexion im Spiegel sichtbar werden.		• Luftballons • verschiedene Bälle • Holzkugeln • Igelbälle • Gummireifen • Spiegel	**Werkstatt**	**30 Min.**
Überleitung zum Abschluss	Wir waschen grob unsere Hände.				**3 Min.**
Schluss	Wir sammeln uns im Sitzkreis und füllen gemeinsam unsere Spurenbox mit den verwendeten Materialien. Danach waschen wir uns.		• Spurenbox • Eimer mit warmem Wasser • Waschlappen • Handtücher	**Werkstatt**	**20 Min.**

Welches Ziel wird dabei verfolgt?

Ich-Kompetenz, Sachkompetenz
Die Kinder nehmen wahr, wie sie durch eigenes Wirken Dinge in Bewegung versetzen und damit ihre Umwelt verändern, also Spuren hinterlassen.

LOS GEHT'S!

(Maxim und Anni fehlen an diesem Tag.)

Zum Einstieg holen Linda und Carlotta die selbst gesammelten Bälle, Gummireifen und Igelbälle aus der Spurenbox. Dann dürfen sie die Aktionsfläche mit den Luftballons aufdecken und ich stelle verdünnte Fingerfarben dazu. Vorsichtig taucht Linda eine Kugel in die Farbe. Immer wieder setze ich kleine Impulse, die die Kinder dazu anregen, die Gegenstände durch die Farben und über die Papierbahnen zu rollen. Die Kinder nehmen sie zunächst an und wir rollen Reifen und Bälle durch unsere Beine hindurch, die als Tunnel fungieren.

Beide widmen sich dann schnell wieder allein der flüssigen Farbe. Linda taucht ihre Hand in das Farbwasser und verteilt es schwungvoll und patschend auf dem Papier. Schließlich leert sie den Behälter ganz aus und sitzt folglich in einem großen Farbpfützensee. Auch Carlotta schüttet nun eine Farbschale aus. Als alle leer sind, verlangen beide nach mehr Farbe. Nun wird die Farbe auch im Stehen von hoch oben ausgeschüttet. Auf dem Weg zum Spiegel hinterlassen Linda und Carlotta viele Fußspuren.

In einer Farbpfütze stehend, verlangt Carlotta nach einem „Pinsel!" Beide malen sich damit selbst an. Ich tauche den Igelball in Farbe und bewege ihn über Carlottas Haut. Sie bleibt ganz ruhig stehen und beobachtet im Spiegel, was ich tue. „Kitzelt!", ruft sie lachend. Nach einer halben Stunde sagt Linda: „Fertig" und beginnt, sich zu waschen.

Zwischenreflexion und Ziele für den weiteren Projektverlauf

Wieder war zu beobachten, dass Materialien zum Spurenhinterlassen nicht im Hauptinteresse der Kinder standen. Vielmehr war es ihnen weiterhin ein Bedürfnis, die Farbe und anderes an sich selbst zu spüren. Carlotta nahm den Igelball auf ihrem Körper sehr konzentriert wahr.

Für die Kinder wurde es zu einer Art Ritual, dass wir in der Werkstatt mit Fingerfarben arbeiteten. Sie entwickelten neue Methoden, mit diesen Farben umzugehen. Insbesondere die Schütttechnik spielte in dieser Einheit eine Hauptrolle. Auch wenn dies die letzte Einheit vor unserem Projektabschluss war, sollte das Thema „Schütten" im zukünftigen Krippenalltag mit unterschiedlichen Gefäßen, Trichtern und Farben aufgegriffen werden. Entsprechende Materialien habe ich in der Folgezeit im Kreativbereich zur Verfügung gestellt.

LIEBE ELTERN UNSERER SPURENFORSCHER*INNEN,

„Rollende Farbe" war der Titel unserer letzten Einheit vor dem großen Abschluss im „Spurenwerkstatt-Museum". Einen Tag bevor es losging, sammelten die Kinder kleine Bälle, große Bälle, Gummireifen und Igelbälle. Auch Luftballons MUSSTEN mit! Wir sammelten alles, was rollt, in unserer Spurenbox und nahmen diese am nächsten Tag mit in die Werkstatt.

Und dass „nur" zwei Spurenforscherinnen am Werk waren, hieß bei Weitem nicht, dass die Werkstatt auch nur mit halb so vielen Spuren versehen wurde! Diesmal verdünnten wir die Fingerfarben mit Wasser, damit Bälle und Reifen mit Schwung durch die Farbpfützen gerollt werden konnten. Die Kinder übten sich dabei in der ganzheitlichen Wahrnehmung ihrer eigenen Fähigkeit, Dinge ihrer Umwelt zu bewegen: „Ich kann den Ball rollen, prellen etc., bewege ihn mit meiner Kraft und sehe an der Farbspur, welche Bewegung ich damit verursacht habe."

Luftballons (festgebunden an Schnüren, damit nicht der ganze Raum mit Farbe verschönert werden konnte) und Bälle wurden durch Beintunnel gerollt, bis Linda die Idee hatte, die Farbe auszuschütten, und große Farbpfützen erzeugte. Darin ließ es sich ganz großartig schmieren, patschen und spritzen. Beim Durchlaufen hinterließen kleine Füße bunte Fußspuren. Huiuiui, war das glitschig!

„Ein Piiiinsel!" wurde energisch verlangt und los ging das schon zur Tradition gewordene Bemalen des eigenen Körpers. Auch mit farbigen Bällen konnte man sich anmalen. Vor allem die Igelbälle kitzelten beim Rollen auf der Haut. Und die Luftballons quietschten ziemlich laut beim Beschmieren mit Farbe! Die flüssige Farbe auszuschütten, war dieses Mal jedoch die Hauptentdeckung für die Kinder. Mal sehen, was uns dazu noch einfällt.

Wir freuen uns schon jetzt darauf, Sie, liebe Eltern, nächste Woche bei uns begrüßen zu dürfen!

Folgen Sie unserer Spur!

Freuen Sie sich auf die nächsten Neuigkeiten von uns Spurenforscher*innen!

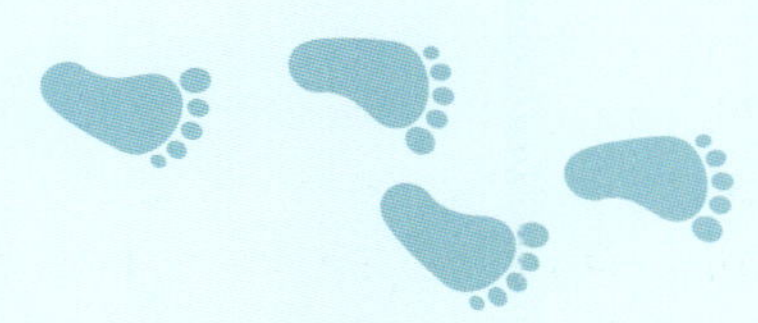

Aushang

Projektabschluss und Ausblick: „Willkommen im Spurenwerkstatt-Museum“

Da Maxim zu diesem Zeitpunkt von der Krippe in eine der Kita-Gruppen wechselte, fand an dieser Stelle eine Projekteinheit statt, welche für die Projektgruppe einen gemeinsamen Abschluss darstellen sollte. Natürlich bestand dabei dennoch die Möglichkeit, das Projekt mit den restlichen Projekt-Kindern und neuen Krippenkindern weiterlaufen zu lassen.

Der Kreativbereich blieb in jedem Fall im Gruppenraum bestehen und es konnten, je nach Interesse der neu eingewöhnten Kinder, neue Spurenprozesse entstehen, die ich dann unterstützt und begleitet hätte.

Auch die Reflexions- und Dokumentationsmethoden, die sich als sehr geeignet für diese Zielgruppe erwiesen hatten, wollte ich für den zukünftigen Gruppenalltag beibehalten.

Offene Planung und Vorbereitung

Gruppe	Zeit	Ort	Material
4 Projekt-Kinder, Eltern der Kinder, <u>optional:</u> Geschwister-kinder	1,5–2 Std.	Turnhalle, <u>alternativ</u>: ungestörter Raum mit großer Freifläche und abwischbarem Fußboden	• Kamera • Abdeckfolie, Klebeband • Fotos und Werke der kompletten Projektzeit • Malshirts • Fingerfarben • Papierrolle • Spiegel • Luftballons • Spielzeugautos • verschiedene Bälle, Holzkugeln, Igelbälle, Gummireifen, Pinsel • Materialschalen • Sand • Materialwanne • Rasierschaum (ohne Duftstoffe) • große Pappen, mit schwarzem Tonkarton beklebt • Klarsichtfolie • „Spuren-Tüte“ • Eimer mit warmem Wasser, Waschlappen und Handtücher

Der Projektabschluss sollte in Form eines „Spurenwerkstatt-Museums" in der Turnhalle stattfinden. Die Idee dazu entstand aus der Beobachtung, dass die Kinder ihren Eltern während der Projektphase immer wieder stolz und begeistert ausgestellte Fotos von sich bei der Projektarbeit zeigten. Die Eltern waren sehr interessiert, fragten nach und betrachteten regelmäßig Berichte und Fotos der Projekteinheiten.

Die Spurenforscher*innen wollten ihre Eltern und Geschwister in ihr Spurenwerkstatt-Museum einladen und dort live, in und mit viel Farbe zeigen, was sie in den letzten Wochen gemacht hatten. Die Einladungen wurden nach dem Prinzip der Anschauung von jedem Kind persönlich mitgestaltet (s. S. 102).

Mithilfe der Klettwandfotos, die den gesamten Projektverlauf zeigten, konnten mir die Kinder aufzählen, was sie ihren Eltern zeigen wollten. An diesen Wünschen sollte sich der Aufbau des Spurenwerkstatt-Museums orientieren. Geplant war, die Turnhalle mit Abdeckfolie, Malervlies und Papier auszulegen. In verschiedenen Bereichen sollten die Kinder gemeinsam mit ihren Eltern all die Materialien und Techniken erforschen können, mit denen wir uns im Projekt beschäftigt hatten. Dabei sollten die Kinder in der Rolle von Expert*innen agieren, ihre bereits gewonnenen Erfahrungen und Fähigkeiten zeigen und sich somit als handlungskompetent erleben können.

Impulsgeber für das gemeinsame Explorieren sollten auch im Projekt entstandene Werke und Fotos sein, die an den Wänden präsentiert wurden. Ich wollte die Aktionsfläche nach Materialien in verschiedene Bereiche aufteilen, diese jedoch nicht als einzelne Stationen trennen. Es sollte Kindern und Erwachsenen freistehen, Farben und andere Utensilien auch in anderen Bereichen zu nutzen. Materialien durften mit in andere Bereiche genommen und gemischt werden, je nach Ideen der Kinder.

Geplante Bereiche der Aktionsfläche:

- Fingerfarben und unterschiedliche Gestaltungswerkzeuge (Pinsel, Schwämme, Bälle, Gummireifen, Bürsten, Luftballons, Spielzeugautos, Malerrollen etc.)
- Bodenspiegel und Rasierschaum
- große, sandgefüllte Kiste und Spielzeugautos
- mit Fingerfarben betropfte, schwarze Pappen, mit Klarsichtfolie umhüllt
- Werke und Fotos der Projektzeit, an den Wänden präsentiert

Für die Eltern sollte dieser Nachmittag eine Zeit sein, die sie gemeinsam mit ihrem Kind intensiv erleben und in der sie die Perspektive ihres Kindes einnehmen konnten. Das Kind als Experte sollte im Mittelpunkt stehen. Geplant war deshalb, dass wir die Geschwisterkinder, die sich alle bei uns in der Einrichtung befanden, erst nach 45 Minuten dazuholen würden.

Am Ende sollten die vier Spurenforscher*innen je eine eigene „Spuren-Tüte" (mit Pinsel, Schwamm, Luftballon und Korken) bekommen, um auch zu Hause damit forschen zu können.

TIPP

Projektabschluss: Mit oder ohne Geschwisterkinder?

Überlegen Sie, in welchem Rahmen der Abschluss stattfinden soll. Geschwisterkinder können, schon allein aufgrund des Altersunterschieds, neue Impulse einbringen. Die Zeit ohne Geschwisterkinder mit den Eltern bietet allerdings auch die Chance, dass die Projekt-Kinder in diesem Kontext ganz im Mittelpunkt stehen und stolz zeigen können, was sie sich erarbeitet haben. Ein Mittelweg könnte sein, die Geschwister nach einer Weile dazuzuholen.

Einladung der Kinder zum Projektabschluss

Beispiel

LIEBE , LIEBER ,

am Donnerstag, dem **4. April**, möchte ich euch gerne einladen, mich von **15 Uhr** bis ungefähr 17 Uhr im Kindergarten zu besuchen! Zusammen mit Frau Dahl und den anderen Spurenforscher-Kindern treffen wir uns in der Turnhalle in unserem

Spurenwerkstatt-Museum!

Dort möchte ich euch zeigen, was ich in den letzten Monaten alles erlebt habe. Wollen wir gemeinsam neue Spuren hinterlassen? Dazu solltet ihr am besten Kleidung tragen, die etwas Farbe vertragen kann. (Frau Dahl hat z. B. immer ein altes T-Shirt und alte Leggins an.) Ich selbst trage wie immer mein selbst gestaltetes Malshirt und bin also bestens ausgestattet.

Unbedingt möchte ich euch zeigen ...

- was wir zusammen mit den Senioren und Seniorinnen erlebt haben,
- was man mit Schaum alles machen kann
- und was man alles mit Farbe anstellen kann.

Bitte gebt Frau Dahl **bis zum 15. März** Bescheid, ob ihr kommt.

Ich freue mich auf euch!

Eure Anni

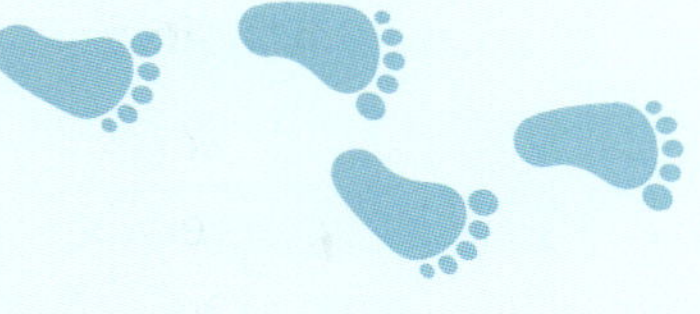

LOS GEHT'S!

Nachdem ich die Turnhalle vorbereitet habe, begutachte ich den Aufbau gemeinsam mit den Kindern. Ist alles da? Brauchen wir noch etwas? Die Kinder schauen sich neugierig um und nicken kräftig, als ich frage, ob sie all das später Mama und Papa zeigen wollen. Nach dem Mittagsschlaf ist es dann so weit.

> „Herzlich willkommen, liebe Mamas und Papas, in unserem Spurenwerkstatt-Museum!"

Doch die Eltern sind nicht die einzigen Besucher*innen. Auch ein Fotograf von der Zeitung mit einer großen Kamera möchte sehen, was wir hier so machen. Seine Kollegin schreibt alles genau auf und schon – KLICK – schießt der Fotograf ein Foto, auf dem Carlotta mir die Nase grün anpinselt. Die Farbparty ist eröffnet!

Maxim entdeckt die große Malerrolle für sich und rollt lange, rote Bahnen über das Papier. Linda malt mit ihrer Lieblingsfarbe Gelb, während ihre Mama gelbe Korkenabdrücke dazu stempelt. Anni macht viele Handabdrücke nebeneinander. Es dauert nicht lange und die Gummireifen, Bälle und Korken werden in die Sandkiste transportiert. Schließlich landet auch Maxim im Sand und zieht gemeinsam mit Linda und Carlotta verschiedenste Spuren.

Auf dem am Boden liegenden Spiegel wird den Eltern demonstriert, wie rutschig es dort mit Schaum ist und wie toll man dann darauf „Schlittschuh" fahren kann. Maxims Mama zaubert ihm einen Schaumbauch.

Die Farbkleckse auf den mit Folie bedeckten Pappen werden erst zögerlich und ganz behutsam betreten. Doch schnell lautet das Kommando der Kinder „Hüpfen!" und so kommen auch wir Großen endlich ins Schwitzen beim gemeinsamen Spurenhinterlassen.

Noch mehr Schwung kommt mit den älteren Geschwisterkindern in die Aktion, die nun dazustoßen. Die während des ganzen Projektverlaufs eher zurückhaltende, beobachtende Anni bemalt sich mit ihrem Bruder von oben bis unten mit roter Farbe und hinterlässt, sich auf dem Boden rollend, auffällige Spuren. Auch zeigt sie uns stolz, wie sie einen Po-Abdruck machen kann.

Schon bald finden sich überall Spuren von kleinen, großen und ausgewachsenen Kindern. Müde, aber glücklich und zufrieden gehen die Spurenforscher*innen mit ihrem Spuren-Set, ihren Mamas, Papas und Geschwistern nach Hause.

Ein gelungener Abschluss für unser Projekt!

Foto: Emilia Schmidt

3. WIR HINTERLASSEN SPUREN!

Foto: Emilia Schmidt

Foto: Emilia Schmidt

Foto: Emilia Schmidt

Foto: Emilia Schmidt

4.

SPUREN, DIE DAS PROJEKT HINTERLIESS

Das Projekt „Wir hinterlassen Spuren!“ war ein Prozess für alle Mitwirkenden der Einrichtung: in erster Linie natürlich für die Kinder und mich, aber auch für die Eltern, das Kollegium und das gemeinsame Umfeld.

Ein professioneller Blick zurück auf das große Ganze und auf die kleinen Details mit ihren Schlüsselmomenten ist der entscheidende Punkt zur Weiterentwicklung in unserer Rolle als pädagogische Fachkraft. Das bewusste Auseinandersetzen mit der gemeinsam erlebten Projektzeit ist eine nachhaltige Lernerfahrung, von der Sie in zukünftigen Projektprozessen, aber auch generell in Ihrer alltäglichen pädagogischen Arbeit profitieren. Zudem kann ein solcher Rückblick auf den Prozess und auf dessen Anfang, Ihre Intention, einen Abschluss für Sie persönlich darstellen, sodass Sie offen für neue Aufgaben sind.

Blicken Sie zusammen mit mir zurück auf die Spuren, die dieses Projekt hinterließ!

4. SPUREN, DIE DAS PROJEKT HINTERLIESS

Spuren in der Einrichtung

Jede Projektarbeit basiert auf den **Rahmenbedingungen** der Einrichtung. Gleichzeitig können diese Rahmenbedingungen aber auch ein Stück weit im Prozess des Projekts mit verändert werden.

Transparente Einblickmöglichkeiten in den Projektverlauf, beispielsweise durch eine bebilderte Infowand im gemeinsamen Flur, erzeugten Interesse für unsere Projektarbeit. Kolleg*innen schauten sich vorbereitete Explorationsflächen an, warfen während der Treffen einen Blick in das Geschehen oder fragten im Anschluss, wie es verlaufen war. Die **Offenheit** für neue Methoden und Ideen (z. B. in der Gruppenraumgestaltung) wuchs mit dem Gesamtprozess des Projektverlaufs. Und so etablierten sich **didaktisch-methodische Bestandteile** der Projektarbeit sowohl im Rahmen zeitlich festgelegter Projekteinheiten als auch im übrigen Krippenalltag. Für alle Krippenkinder wurde zudem ein fester Werkstatttag pro Woche eingeführt, an dem nur ihnen die Werkstatt zur Verfügung stehen sollte. Auch der Kreativbereich im Gruppenraum wurde über das Spurenforscher-Projekt hinaus fester Bestandteil der Raumaufteilung und wird bis heute immer wieder situationsorientiert angepasst.

Wir haben als Projektgruppe Spuren in der Einrichtung hinterlassen.

Spuren bei den Eltern

Die Eltern zeigten sich von Anfang an sehr interessiert an unserem Projektprozess. Dementsprechend harmonisch verlief das Wechselspiel zwischen Elterninformation und -teilhabe meinerseits und Rückmeldung und Interesse ihrerseits. Sie betrachteten und fotografierten die Elterninfowand regelmäßig, lasen Elternbriefe, fragten gezielt nach dem Verlauf der Einheiten und waren sehr engagiert und offen für den Ansatz der Projektarbeit. Beispielsweise steuerten die Eltern diverse Materialien bei und zeigten sich sehr tolerant, wenn die Einheiten Farbspuren auf Haut und Haaren der Kinder hinterließ. Über Fragebögen und Tür-und-Angel-Gespräche bestand ein **steter Austausch** zwischen uns, sodass ich mir ein umfassenderes Bild von den Kindern machen konnte (Kind in der Kita – Kind zu Hause). Als **Expert*innen ihrer Kinder** nahm ich sie sehr ernst und war durchweg interessiert an ihren Eindrücken und Beobachtungen, die sie gerne mitteilten.

Durch die **Transparenz** meiner pädagogischen Arbeit mit ihren Hintergründen war zu beobachten, dass Impulse aus der Projektarbeit von Eltern auch zu Hause aufgriffen wurden: Fingerfarben wurden gekauft, Alltagsgegenstände wurden den Kindern zum Explorieren zur Verfügung gestellt und vielfältiger genutzt. Das Tischabwischen erhielt eine neue Bedeutung und es wurden Handabdrücke als Geschenk für die Großeltern gefertigt. Kindliche Entwicklungsschritte im Zusammenhang mit kreativ-ästhetischen Erfahrungen wurden den Eltern durch ihren Einbezug in den Prozess bewusster. Die **aktive Bildungspartnerschaft** mit den Eltern hat dazu beigetragen, Bewusstsein und Verständnis für den Bildungswert kreativer Arbeit zu wecken, und Anregungen dafür gegeben, wie auch sie als Eltern selbst kreatives Modell sein können.

Wir haben als Projektgruppe Spuren bei den Eltern hinterlassen.

Foto: Emilia Schmidt

Spuren in der Öffentlichkeit

Neben der Bildungspartnerschaft mit den Eltern ergab sich im Rahmen der Öffentlichkeitsarbeit zweimal die Zusammenarbeit mit der regionalen Zeitung, die über unser Projekt berichtete. Durch die Projekteinheit im Seniorenheim trugen wir unser Thema in die Gemeinde. Das **konkrete Wirken** auf die Senior*innen wurde auf vielseitige Art und Weise während unserer gemeinsamen Arbeit sichtbar. Diese Zusammenarbeit wurde erneut zum 50-jährigen Jubiläum des Seniorenheimes mittels einer Ausstellung aufgegriffen und so der **Öffentlichkeit zugänglich** gemacht.

Wir haben als Projektgruppe Spuren in unserem Umfeld hinterlassen.

Foto: Emilia Schmidt

Spuren bei den Kindern

Leitfragen zur Reflexion mit Beispielen

"Wie entwickelten sich die Kinder als Gruppe im Projektprozess?

Gab es Schlüsselmomente?

Welche Rolle nahm welches Kind in der Gruppe ein?"

Nachdem den Kindern zu Beginn noch unerklärlich war, wer mit an einer Projekteinheit teilnehmen durfte, ist die Gruppe mit dem Projektprozess zusammengewachsen. Die regelmäßigen gemeinsamen Erlebnisse, die Farbkleckskarten, die Malshirts und das Anbringen dieser mit Wäscheklammern ließen bei den Kindern **ein Bewusstsein** für ihre Gruppe wachsen. Nach vier Treffen waren alle in der Lage, die Gruppenmitglieder zu benennen. Im Alltag zeigte sich kein besonderer Kontakt zwischen den vieren im Vergleich zum Rest der Krippengruppe. Die **Rollen** der einzelnen Kinder in den Einheiten waren beim ersten Treffen bereits zu erkennen und haben sich bis zum Schluss nicht wesentlich verändert: Es gab mutige Impulsgeber*innen, zurückhaltende Beobachter*innen und stille Entdecker*innen.

"Wie entwickelte sich jedes einzelne Kind während des Projektprozesses?

Gab es Schlüsselmomente?

Was wurde gut/nicht so gut angenommen? Woran könnte dies gelegen haben?"

Das Kind 1 zeigte von Anfang an sehr offen seine Begeisterung für das Erforschen unterschiedlicher Materialien. Grinsend und ohne Berührungsängste tauchte es mit vollem Körpereinsatz in das Geschehen ein, sodass sein Glücksgefühl und seine Begeisterungsfähigkeit für alle Beteiligten ansteckend waren. Es war der prägendste Impulsgeber für die Gruppe, dessen Verhalten die anderen zum individuellen Nachahmen anspornte. Das Kind war bereits auch sprachlich in der Lage, Erfahrungen zu benennen, zu berichten und Wünsche zu äußern. Es zeigt sich als ein außerordentlich begeisterungsfähiges, offenes, selbstständiges und interessiertes Kind, das sehr rücksichtsvoll und vernünftig mit anderen umgeht und viele Ideen einbringt.

Das Kind 2 hatte von Anfang an das intensive Bedürfnis, die verwendeten Materialien mit dem eigenen Körper zu spüren. Dabei war es über lange Zeiträume tief in sich versunken, befand sich also in einer Art Flow. Den Spiegel nutzte es intensiv, um sich zu betrachten. Die Körperwahrnehmung blieb großes Thema für dieses Kind. Im Alltag begann es, sich in der Kita und auch zu Hause immer wieder auszuziehen, und befühlte beim Wickeln seine Extremitäten. Interessiert beobachtete es besonders ein anderes Kind aus der Gruppe und setzte dessen Impulse auf seine Weise um oder stieg in dessen Aktivitäten mit ein.

Das Kind 3 setzte in der ersten Einheit mit Fingerfarben den durchschlagenden Impuls zur Körperbemalung. Ruhig und genussvoll hatte es in jeder Einheit das Bedürfnis, das Material am ganzen Körper zu spüren. Dabei war das Kind ganz und gar fokussiert.

Das Kind 4 nahm von Anfang an eine ausdauernde, konzentrierte Beobachterrolle ein und zog sich meist an den Rand der Aktionsfläche zurück. Im Alltag schien es meist äußerlich regungslos und suchte verstärkt die Nähe zu Erwachsenen. Im Gesamtprozess war bei diesem Kind die größte Entwicklung zu erkennen. Zunächst vermied es den Kontakt zu Farben und anderen Materialien. Dann entdeckte es das Anfertigen von Hand- und Fußabdrücken für sich, traute sich sogar als einziges Kind, einen Windel-Po-Abdruck zu machen. Dennoch blieb es jedes Mal eine innerliche Herausforderung, Material zu berühren. Intensive, einfühlsame Begleitung half ihm hin und wieder, sich zu überwinden. Der Kreativbereich wurde zu seinem häufigsten Beschäftigungsbereich im Alltag. Auch zu Hause machte es nun Handabdrücke und zog sich dabei aus. Auffällig war, dass das Kind sehr stark auf Dokumentationsfotos ansprach und dabei in hohem Maße freudig und stolz war. Eine Woche vor dem Projektabschluss zeigte es im Krippenalltag auffallend oft klare Emotionen, spielte mit anderen Kindern und war dabei sehr ausgelassen.

Den Kreativbereich nutzten alle vier Projektkinder sehr intensiv und deutlich gezielter und häufiger als die anderen Krippenkinder. Zum Zeitpunkt der Auswertung der Elternfragebögen bezüglich der Auseinandersetzung mit Materialien der Kinder vor und nach dem Projekt (s. Vorlage S. 117) war bei allen ein gewachsenes **Interesse an Materialien** und ein vielfältigerer Umgang damit zu beobachten. Ursächlich dafür können zum einen die Impulse aus den Projekteinheiten als auch zum anderen die Sensibilisierung der Eltern für dieses Thema gewesen sein, die ihren Kindern nun mehr Materialerfahrungen ermöglichten bzw. einen anderen Blick auf ihre Kinder diesbezüglich bekommen hatten.

Die Projektzeit hinterließ Spuren bei den Kindern.

Spuren in meinem didaktisch-methodischen Vorgehen als Projektbegleiterin

Alle Kinder zeigten eine sehr ausgeprägte Konzentrationsfähigkeit (ca. 40 Minuten) beim aktiven Tun, was mir bestätigte, dass Themenwahl und didaktisch-methodisches Vorgehen bedürfnis- und entwicklungsentsprechend waren. Während des Projektprozesses musste ich feststellen, dass auch die zur Verfügung stehenden Räumlichkeiten einen maßgebenden Einfluss auf die Umsetzung der Projekteinheiten haben. Sicher ist es schön, in wärmeren Monaten verstärkt den Draußenbereich für das Projekt zu nutzen. Wenn das Projekt in den Herbst- und Wintermonaten durchgeführt wird, so wie es bei mir der Fall war, ist man stärker von den Gegebenheiten vor Ort abhängig. Am geeignetsten sind dabei Räumlichkeiten, die viel freie und vor allem leicht abwischbare Flächen aufweisen, sodass nicht bei jeder Einheit umgestellt und abgeklebt werden muss. Eine Bade- oder Waschgelegenheit für die Kinder in der Nähe erleichtert ebenfalls die Abläufe.

Das in unserer Situation, in der es keine direkte Bademöglichkeit gab, entstandene Abschlussritual der Kinder, sich selbst mit dem Waschlappen zu säubern, stellte sich als großartige Bereicherung dar. Es war Schlusssignal und Körpererfahrung in einem.

Das Zusammenkommen im Raum „Werkstatt" wurde für die Kinder Ritual und Projektsymbol zugleich. Die Dokumentations- und Reflexionsmethoden wurden von den Kindern sehr gut angenommen und weiterentwickelt. Der Kreativbereich mit den Materialien aus der Spurenbox wurde intensiv genutzt, um Impulse aus den Einheiten im Alltag weiterzuführen. Nicht immer gelang es, die Box direkt am Ende der Einheiten mit den Kindern zu befüllen. Oft waren sie zu müde und wir holten dies daher im Nachhinein nach.

Dass die Kinder anderen als Expert*innen etwas zeigten, war nicht zu beobachten. Ebenso stellte sich im Projektverlauf heraus, dass entstandene Werke für die Projekt-Kinder kaum Bedeutung hatten – im Gegensatz zu den auf verschiedene Art und Weise in den Gruppenraum integrierten Fotos von ihnen. Diese zeigten und betrachteten sie oft. Sehr aufmerksam reagierten sie auf die Fotos und Materialien am Wickeltisch. In der Eins-zu-Eins-Situation äußerten sie plötzlich vieles sprachlich und es entstand eine gelingende Reflexion. Für die Fotos über dem Esstisch zeigten sie über Wochen kaum Interesse. Dementsprechend hängte ich dort keine Fotos mehr auf. Das Resultat: große Empörung bei allen Kindern:

 Wo sind die Bilders?! 

Die Kinder wünschten sich weiterhin Fotos über dem Tisch. Dies zeigte deutlich, wie wichtig ihnen die ritualisierten Abläufe geworden waren.

Das **Prinzip der Anschauung** erwies sich bei meiner Zielgruppe als essenziell. Bei der Planung bezog ich die Kinder erst bei der zehnten Einheit aktiv mit ein. Erst dann war die ganze Gruppe sprachlich und kognitiv in der Lage, bewusste Entscheidungen im Hinblick einer tatsächlichen Planung zu treffen und zu äußern. Mein Fokus lag bis zu diesem Zeitpunkt hauptsächlich auf den Reflexions- und Dokumentationsmethoden. Rückblickend würde ich sagen, dass die Kinder die Zeit gebraucht haben, um in die Methoden der Projektarbeit hineinzuwachsen. In die Planung wurden sie natürlich dennoch stark einbezogen – wenn auch indirekt, indem ich sie beobachtete und daraus Entscheidungen für die weitere Planung ableitete. **Dokumentation** in Form von Fotos war dabei sehr wertvoll. Da die Kinder in jeder Einheit Flow-Momente (Herausforderungen, die optimal zu den individuellen Fähigkeiten passen) hatten und sehr ausdauernd aktiv waren, kann ich daraus schließen, dass meine Beobachtungen treffend waren, ich Interessen und Bedürfnisse erkannte, bzw. bei Bedarf entsprechend flexibel reagierte.

In Anbetracht dessen und auch der **partizipativen Methoden** ordne ich unser Projekt zu Beginn der Partizipationsstufe 5 (nach Hart s. S. 16) zu, die sich im Prozess zur Stufe 6 entwickelt hatte. Mit Blick auf die Ausgangssituation habe ich damit viel Entwicklung erreicht.

Spuren in meinem Rollenverhalten als Projektbegleiterin

Die Basis meines Erzieherinnenverhaltens setzte sich aus drei Säulen zusammen:

- Feinfühligkeit im Umgang mit den Kindern,
- intensives Beobachten der Kinder und entsprechende Impulsgebung,
- Dokumentation und Reflexion von Prozessen.

Eine **sichere Bindung** zu den Kindern aufzubauen, war zunächst die Voraussetzung für jegliche gemeinsame Explorationsmöglichkeit. Hinsichtlich Ko-Konstruktion war es mir von Anfang an wichtig, dass mich die Kinder als Teil der Spurenforschergruppe wahrnehmen und gleichermaßen auch als Bezugsperson, die den sicheren Rahmen schuf. Als präsente Prozessbegleitung stellte ich fest, dass es vor allem im U3-Bereich genau durchdachter Vorbereitung bedarf, um den Kindern selbstständige Lernprozesse ermöglichen zu können. Im gleichen Zuge braucht es Offenheit, Flexibilität, Spontaneität, Zurückhaltung, Geduld und Zutrauen, sie ihren individuellen Selbstbildungsweg gehen zu lassen. Der Projektprozess half mir, mich zunehmend darauf zu verlassen, dass die Kinder selbst den Prozess steuern.

Foto: Marina Lingenfelder

Auch ich war und bin in einem Prozess. Meine persönliche positive Einstellung gegenüber kreativem Handeln und meine Bereitschaft, mich von den Kindern begeistern zu lassen, halfen mir, die Kinder wertschätzend zu bestärken, zu begleiten und zu begeistern. Zudem war diese Haltung Voraussetzung, um den Wert ästhetisch-kreativer Erfahrungen auch gegenüber dem Kollegium und den Eltern zu vertreten.

Wurden die Ziele der Intention erreicht?

Nach meiner Einschätzung hat sich das Projekt „Wir hinterlassen Spuren!" als sehr geeignet und bedürfnisentsprechend für Kinder unter 3 Jahren erwiesen. Die intendierten Ziele wurden weitestgehend erreicht. Mit gezielter Vorbereitung des Werkraumes konnte ich den Kindern großflächiges Arbeiten in Bewegung ermöglichen. Beim Einsatz des Wandspiegels und in der **ganzheitlichen Auseinandersetzung** mit verschiedenen Materialien war zu beobachten, wie die Kinder sich und ihren Körper bewusst wahrnahmen.

Auffällig war, dass die Kinder speziell beim Betrachten der Fotos äußerten, dass sie selbst agiert und Spuren hinterlassen hatten. Somit wurde das Ziel, die Kinder in ihrer Selbstwirksamkeit zu stärken, erreicht. Interessant wird es nun sein, zu beobachten, wie sich dies auf ihre Autonomiephase auswirkt. Auch mein Ziel zur **Gruppenraum-Umgestaltung** konnte ich umsetzen und grenzfreiere kreativ-ästhetische Erfahrungen in den Alltag bringen. Der kontinuierliche Einbezug der Eltern machte ihnen den Wert kreativ-ästhetischer Erfahrungen bewusst. Das Projekt gab ihnen **Anregungen** dazu, wie sie diese ihren Kindern auch zu Hause ermöglichen können. Die Eltern berichteten immer wieder, dass die Kinder außerhalb der Krippe ihre Projekterlebnisse nacharbeiteten: Beispielsweise bemalten sie mit Finelinern ihre Hände, um im Anschluss Abdrücke davon zu erzeugen, sie zogen ihre Kleider aus oder wischten gezielt Tische und Fußböden.

All das zeigte mir: Ich konnte bei den Kindern, Eltern und im Kita-Team Spuren hinterlassen. Vor allem aber hat dieses Projekt uns beteiligten Erwachsenen einen **Perspektivwechsel** ermöglicht. Auf ganz besondere Weise durften wir den Spuren der Kinder folgen. Die Kinder hinterließen damit wertvolle Spuren bei mir und ich bei ihnen.

Foto: Marina Lingenfelder

Foto: Emilia Schmidt

5.

VORLAGEN UND MATERIALIEN ZUR INSPIRATION

Eine Sammlung kleiner Hilfen zum Verfassen von Elterninformationen sowie Kopiervorlagen finden Sie auf den folgenden Seiten. Darunter finden Sie zum einen allgemeine Planungshilfen und Vorlagen. Zum anderen finden Sie hier auch exemplarische Materialien, wie z. B. Elterninformationen, die speziell auf das Best-Practice-Beispiel „Wir hinterlassen Spuren" zugeschnitten sind. Nutzen Sie diese als wertvolle Orientierung und Inspiration, um individuelle Materialien für Ihr eigenes Projekt anzufertigen. Die Vorlagen finden Sie auch editierbar im Download, sodass Sie diese ganz einfach bearbeiten und an Ihr eigenes Projekt anpassen können.

Im Alltag fehlt häufig die Zeit, alles schriftlich festzuhalten, zu planen und zu reflektieren. Die folgenden Materialien sollen Ihnen Impulse sein und Denkanstöße geben. Allein mit dem Verinnerlichen einzelner Fragen und dem Austausch im Team kann der pädagogische Blick bereits sensibilisiert werden. Und das ist manchmal wertvoller als der größte Stapel schriftlich festgehaltener Dokumentationen. Setzen Sie sich mit den Beobachtungsansätzen auseinander und sammeln Sie mit bewusstem Blick Ihre Erfahrungen mit „Ihren" Kindern, die Sie betreuen.

Ihr persönlicher Zugang*:

Alle Vorlagen können Sie auch als Download unter dem folgenden Link abrufen und individuell anpassen:

https://cloud.verlagruhr.de/lerninhalt/biLU6tsNG1Ir

Passwort: ProKri2023

Wenn Sie die Vorlagen auf Ihrem mobilen Endgerät (Smartphone, Tablet) aufrufen möchten, scannen Sie den QR-Code. **Passwort: ProKri2023**

* Bitte beachten Sie, dass der angegebene Link und der QR-Code ihre Gültigkeit verlieren können.
Sollten Sie Schwierigkeiten beim Öffnen der Dateien haben, wenden Sie sich bitte an: digitaleslernen@verlagruhr.de

BEOBACHTUNGSBOGEN ZUR THEMENFINDUNG FÜR PÄDAGOGISCHE FACHKRÄFTE

Verhalten/Material*	Kind	Situation	Datum	Ideen zu möglichen Projektthemen

* *Woran zeigt das Kind ein besonderes Interesse? (z. B. Buch, Farbe, Sand, der eigene Körper ...)*

TABELLARISCHE VERLAUFSPLANUNG EINER PROJEKTEINHEIT

Phase	Inhalt	Impulsfragen	Material	Ort	Dauer
Vorbereitung					
Einstieg/ Hinführung					
Überleitung/ Erarbeitung					
Hauptteil/ Vertiefung					
Überleitung zum Schluss					
Schluss					

REFLEXIONSLEITFADEN FÜR PÄDAGOGISCHE EINHEITEN

Situation

- Welche Besonderheiten der Gruppe oder einzelner Kinder habe ich bei der Durchführung wahrgenommen?

Gruppenprozess

- Wie entwickelte sich die Gruppe im Prozess?
- Wie entwickelte sich die Rolle jedes einzelnen Kindes in der Gruppe?
- Was war bei jedem einzelnen Kind zu beobachten?

Meine pädagogische Haltung

Ressourcenorientierung
Dialogbereitschaft/Offenheit
Partizipation
Diversität wertschätzen und nutzen
Feinfühligkeit

Inwiefern habe ich nach meiner pädagogischen Haltung gehandelt?

Medien, Raum/Ort, Material und Zeit

- Waren Örtlichkeit, Medien und Material geeignet? Woran war das zu erkennen?
- Waren alle benötigten Materialien und Medien vorhanden?
- War die Anordnung der Lernumgebung passend?
- War die eingeplante Zeit ausreichend?

Methodisches Vorgehen

- War die Einheit dem Entwicklungsstand der Kinder angemessen?
- Waren Lehrverfahren/Sozialform/pädagogische Prinzipien passend?
- Inwiefern habe ich die Merkmale von Projektarbeit (Handlungsorientierung, gemeinsame Planung/ Dokumentation/Reflexion, Ganzheitlichkeit, Lebensnähe etc.) berücksichtigt?
- Waren die Impulse geeignet, um den Bildungsprozess der Kinder zu unterstützen?

Umsetzung der pädagogischen Intention

- Wie wurde die Einheit von den Kindern aufgenommen?
- Wurden die intendierten Ziele erreicht? Woran war das zu erkennen?
- Was verhinderte das Erreichen der Ziele?

Gesamtrückblick und persönliche Erkenntnisse

- An welcher Stelle würde ich zu Handlungsalternativen greifen?
- Gab es Schlüsselmomente?
- In welcher Rolle sehe ich mich rückblickend während der Einheit?
- Welche meiner Kompetenzen konnte ich einbringen, welche noch weiterentwickeln?
- Welches Fazit ziehe ich für mich aus den gemachten Erfahrungen?

ELTERNBEOBACHTUNGSBOGEN

Wir als Eltern konnten zu Hause beobachten, dass .... *(Name des Kindes)* auf die nachfolgend beschriebene Weise großes Interesse im Umgang mit folgenden Objekten zeigt:

Materialien/Gegenstände/ eigener Körper	Was macht mein Kind damit? Auf welche Art und Weise erkundet es seine Welt?
Beispiel: *Erde, Laub*	*Anni liegt mit dem Bauch auf dem Waldboden. Sie legt den Kopf auf den Boden und schaut zu, wie sie mit ihrem Arm die Erde und das Laub hin und her schiebt. Dann drückt sie mit ihrem Zeigefinger Löcher in die Erde.*

Vielen Dank für Ihre Mithilfe und die Zeit, die Sie sich nehmen!

Beispiel „Info Projektarbeit“: **Erster Elternbrief (1/2)**

LIEBE ELTERN,

es wird spannend! In den nächsten Monaten werde ich gemeinsam mit vier Kindern der Sternchen-Gruppe ein Projekt durchführen. Da Ihr Kind Teil der Projektgruppe sein wird, möchte ich Sie auf diesem Wege gerne schon einmal vorab über diese Arbeit informieren.

„Projektarbeit“ – was ist das eigentlich?

In der Projektarbeit beschäftigt sich eine Kleingruppe von Kindern über mehrere Monate mit einem Thema. Die Wahl des Themas orientiert sich entwicklungs-, situations- oder bedürfnisorientiert am kindlichen Interesse. Die Kinder – und auch Sie als Eltern – sollen in allen Phasen der Projektarbeit beteiligt sein. Es geht hierbei um möglichst eigenverantwortliches und selbstständiges Bearbeiten des Themas durch die Gruppe von der Planung über die Durchführung, Dokumentation, Reflexion bis hin zur Präsentation und Evaluation. Dabei setze ich an der natürlichen Neugier der Kinder an. Die Kinder und ich lernen im Prozess der gemeinsamen Auseinandersetzung mit dem Thema, indem ich Ideen und Vorschläge der Kinder situativ aufgreife und ergänzend dazu neue Impulse mit einbringe. Der Verlauf wird dementsprechend sehr offen geplant, um gemeinsames Forschen zu ermöglichen. Meine Rolle dabei ist es, den Kindern Lernbegleiterin zu sein und sie zu handlungsorientiertem, vielseitigem und ganzheitlichem Lernen anzuregen. Prozessorientiertes Arbeiten heißt auch, dass es bei der Projektarbeit nicht um das Ergebnis oder Produkt am Ende geht, sondern um die Erkenntnisse und Erfahrungen, die die Kinder während des Projektverlaufs im Prozess gewinnen. Jede Projekteinheit wird deshalb gemeinsam mit den Kindern reflektiert und dokumentiert, wobei sie zur Metakognition (= was haben wir wie und warum gelernt) und Kommunikation ihrer Gedanken angeregt werden.

In den letzten drei Monaten habe ich die Kinder im Gruppenalltag gezielt beobachtet, woraus sich ein Projekt im gestalterisch-kreativen Bereich ergab. Das Motto ist:

„Wir hinterlassen Spuren!“

Die Kinder zeigten in den vergangenen Wochen großes Interesse und Freude im Umgang mit Materialien wie Fingerfarben, Sand oder Schaum. Essen wurde kunstvoll hin- und hergeschoben, Landespuren beim Weitsprung im Sandkasten untersucht, Fingerfarbe großzügig auf Herbstblättern verteilt, Seifenschaumberge im Waschbecken ausgiebig befühlt, Stifte und Pinsel schwungvoll und mit vollem Körpereinsatz über die Unterlagen bewegt und bunte Spuren auf Armen und Händen verteilt.

Der Schwerpunkt unseres Projekts soll auf ganzheitlicher Materialerfahrung liegen, die die Kinder in ihrer Körperwahrnehmung stärkt und sich selbstwirksam erleben lässt. Sie sollen spüren: Das habe ICH gemacht! Wir werden gemeinsam die Welt der Farben und Materialeigenschaften erforschen und beim Malen und Matschen mit Farbe, Schaum, Sand und vielem mehr unsere ganz eigenen, individuellen Spuren hinterlassen.

Beispiel „Info Projektarbeit": **Erster Elternbrief (2/2)**

Die Projektgruppe besteht aus vier Kindern, die in den letzten Wochen großes Interesse am Thema zeigten und bis mindestens Juni noch in der Sternchen-Gruppe sein werden, da das Projekt für einen Zeitraum von mindestens sechs Monaten geplant ist.

Ich freue mich, dass .... *(Name des Kindes)* dabei sein wird!

Der Beginn des Projekts wird im .... sein. Über den genauen Termin der ersten Projekteinheit werde ich Sie noch informieren.

Zur Dokumentation und Reflexion der Projektarbeit und auch, um Sie als Eltern regelmäßig über den Verlauf des Projekts zu informieren, würde ich gerne mit Fotos arbeiten. Im Gruppenraum oder an einem Mobile über dem Wickeltisch sollen die Erlebnisse der Projekttreffen den Kindern auch im Alltag präsent sein und zur Reflexion anregen. Außerdem bieten Fotos den Kindern die Möglichkeit, Ihnen und den anderen Kindern in der Gruppe von ihren Entdeckungen zu berichten.

Bevor wir nun bald mit dem Projekt loslegen, hätte ich noch eine kleine Bitte an Sie als Eltern der Spurenforscherkinder: Da sich meine Beobachtungen lediglich auf Situationen im Kita-Alltag beziehen, wäre es großartig, wenn Sie als Expertinnen und Experten Ihres Kindes diese mit Ihren Beobachtungen von zu Hause ergänzen könnten.

Vielen Dank schon im Voraus für Ihre Mitarbeit und Unterstützung!
Ich freue mich auf eine spannende Projektzeit!

- ✂

Hiermit bestätige ich, ... *(Name des Erziehers/der Erzieherin)*,

dass das Bildmaterial Ihres Kindes .... *(Name des Kindes)*

ausschließlich von mir für die Projektdokumentation in der Einrichtung verwendet wird.

....

Datum, Unterschrift (Erzieher/Erzieherin)

Hiermit erkläre ich mich einverstanden, dass .... *(Name des Erziehers/ der Erzieherin)* mein Kind .... *(Name des Kindes)* zum Zwecke der Projektdokumentation und Reflexion während der Projekteinheiten fotografieren darf. Die entstandenen Fotos dürfen in der Einrichtung ausgestellt werden.

....

Datum, Unterschrift (sorgeberechtigte Person)

Beispiel „Info Projektarbeit“: **Aushang für alle Eltern der Krippengruppe**

LIEBE ELTERN,

in den nächsten Monaten werde ich gemeinsam mit vier Kindern der Sternchen-Gruppe ein Projekt durchführen.

„Projektarbeit“ – was ist das eigentlich?

In der Projektarbeit beschäftigt sich eine Kleingruppe von Kindern über mehrere Monate mit einem Thema. Die Wahl des Themas orientiert sich entwicklungs-, situations- oder bedürfnisorientiert am kindlichen Interesse. Die Kinder – und auch Sie als Eltern – sollen in allen Phasen der Projektarbeit beteiligt sein. Es geht hierbei um möglichst eigenverantwortliches und selbstständiges Bearbeiten des Themas durch die Gruppe von der Planung über die Durchführung, Dokumentation, Reflexion bis hin zur Präsentation und Evaluation. Dabei setze ich am Selbstbildungspotenzial und an der natürlichen Neugier der Kinder an.

Projektarbeit heißt prozessorientiertes Arbeiten. Die Kinder und ich lernen im Prozess der gemeinsamen Auseinandersetzung mit dem Thema, indem ich Ideen und Vorschläge der Kinder situativ aufgreife und, ergänzend dazu, neue Impulse mit einbringe. Der Verlauf wird dementsprechend sehr offen geplant, um gemeinsames Forschen zu ermöglichen. Meine Rolle dabei ist es, den Kindern Lernbegleiterin zu sein und sie zu handlungsorientiertem, vielseitigem und ganzheitlichem Lernen anzuregen. Prozessorientiertes Arbeiten heißt auch, dass es bei der Projektarbeit nicht um das Ergebnis oder Produkt am Ende geht, sondern um die Erkenntnisse und Erfahrungen, die die Kinder während des Projektverlaufs im Prozess gewinnen. Jede Projekteinheit wird deshalb gemeinsam mit den Kindern reflektiert und dokumentiert, wobei sie zur Metakognition (= was haben wir wie und warum gelernt) und Kommunikation ihrer Gedanken angeregt werden.

In den letzten drei Monaten habe ich die Kinder im Gruppenalltag gezielt beobachtet, woraus sich ein Projekt im gestalterisch-kreativen Bereich ergab. Das Motto ist:

„Wir hinterlassen Spuren!“

Die Projektgruppe besteht aus vier Kindern, die in den letzten Wochen großes Interesse am Thema zeigten und bis mindestens Juni noch in der Sternchen-Gruppe sein werden, da das Projekt für einen Zeitraum von mindestens sechs Monaten geplant ist. Die Eltern, deren Kinder Teil der Projektgruppe sind, finden einen Elternbrief in ihrer Post.

Der Beginn des Projekts wird im .... sein.

Ich freue mich auf eine spannende Projektzeit!

Beispiel „Info Projektarbeit": **Aushang für alle Eltern der Krippengruppe**

LIEBE ELTERN,

sicherlich haben Sie sich schon öfter gewünscht, einmal Mäuschen spielen zu können und durch ein Schlüsselloch zu spitzeln, um zu sehen, was Ihr Kind in der Kita so macht. Um Ihnen dies tatsächlich zu ermöglichen, lade ich Sie ein, einen Blick durch „das Schlüsselloch" unserer neuen Elterninfowand über der Garderobe zu werfen. Diese wird bald mit Bildern und kurzen Berichten einen Einblick über den Projektverlauf unserer „Spurenforscher und Spurenforscherinnen" geben.

Unsere erste Projekteinheit wird

am Mittwoch, dem ...., stattfinden.

Ab diesem Tag werden die Projekt-Kinder

jeden Mittwoch ab .... Uhr

im Einsatz sein.

Jedes Spurenforscherkind braucht ein helles, einfarbiges T-Shirt (gerne ein bis zwei Nummern größer), welches es bedrucken und als Malerkittel anziehen kann.

Dieses T-Shirt können Sie bis zum .... bei mir abgeben.

Vielen Dank für Ihre Mithilfe!
Bunte Spurenforscher-Grüße!

Terminübersicht:

.... : Projektbeginn

.... jeweils als regelmäßiger Projekttag

bis spätestens zum .... 1 helles, einfarbiges T-Shirt für Projekt-Kinder mitbringen

Vorlage „Info Projektabschluss": **Elternbrief „Gemeinsame Projekteinheit"**

LIEBE ELTERN,

in den vergangenen Wochen haben wir im Rahmen der Projektarbeit schon einiges erlebt. Gern würden die Kinder und ich Ihnen einmal „live" zeigen, was wir während des Projekts so alles gemacht haben. Dazu möchten wir Sie, liebe Eltern, recht herzlich zu einer **gemeinsamen Projekteinheit** einladen.

Stattfinden wird sie

am ...., **dem** ....,

von .... **bis** .... **Uhr.**

Wir würden uns sehr freuen, wenn Sie diesen Termin möglich machen können!

Beispiel „Elterninfo Projektabschluss": **Beobachtungsbogen nach dem Projekt**

LIEBE ELTERN UNSERER SPURENFORSCHER*INNEN,

nun sind unsere Spurenforscher-Kinder schon einige Monate am Werk. Vor Beginn des Projekts hatte ich Sie einen Beobachtungsbogen ausfüllen lassen, in dem es darum ging, für welche Materialien sich Ihr Kind besonders interessiert und wie es diese erforscht. Nun haben sich die Kinder im Verlauf des Projekts mit unterschiedlichen Materialien auf verschiedenste Art und Weise beschäftigt. Immer wieder haben Sie durch Nachfragen und Erzählungen von zu Hause (z. B. was das Kind von einer Einheit zu Hause nachgeahmt hat, woran es sich erinnert hat etc.) Interesse an den Phasen des Projekts gezeigt, was mich sehr freut. Interessant wäre nun für mich, zu erfahren, ob sich auch zu Hause Veränderungen im Forschungsverhalten der Kinder beobachten lassen. Deshalb wäre es eine große Unterstützung für mich, wenn Sie den gleichen Beobachtungsbogen noch einmal ausfüllen würden, damit ich die Interessen und das Forschungsverhalten der Kinder vor und zum Ende des Projekts vergleichen kann.

Gerne können Sie den Bogen bis ...., dem ....,
bei mir abgeben.

Haben Sie eine schöne Woche!

PAPPKAMERA

Der Blick durch das „Guckloch" hilft den Kindern, genauer hinzuschauen – gerade draußen, wo es viele Reize gibt.

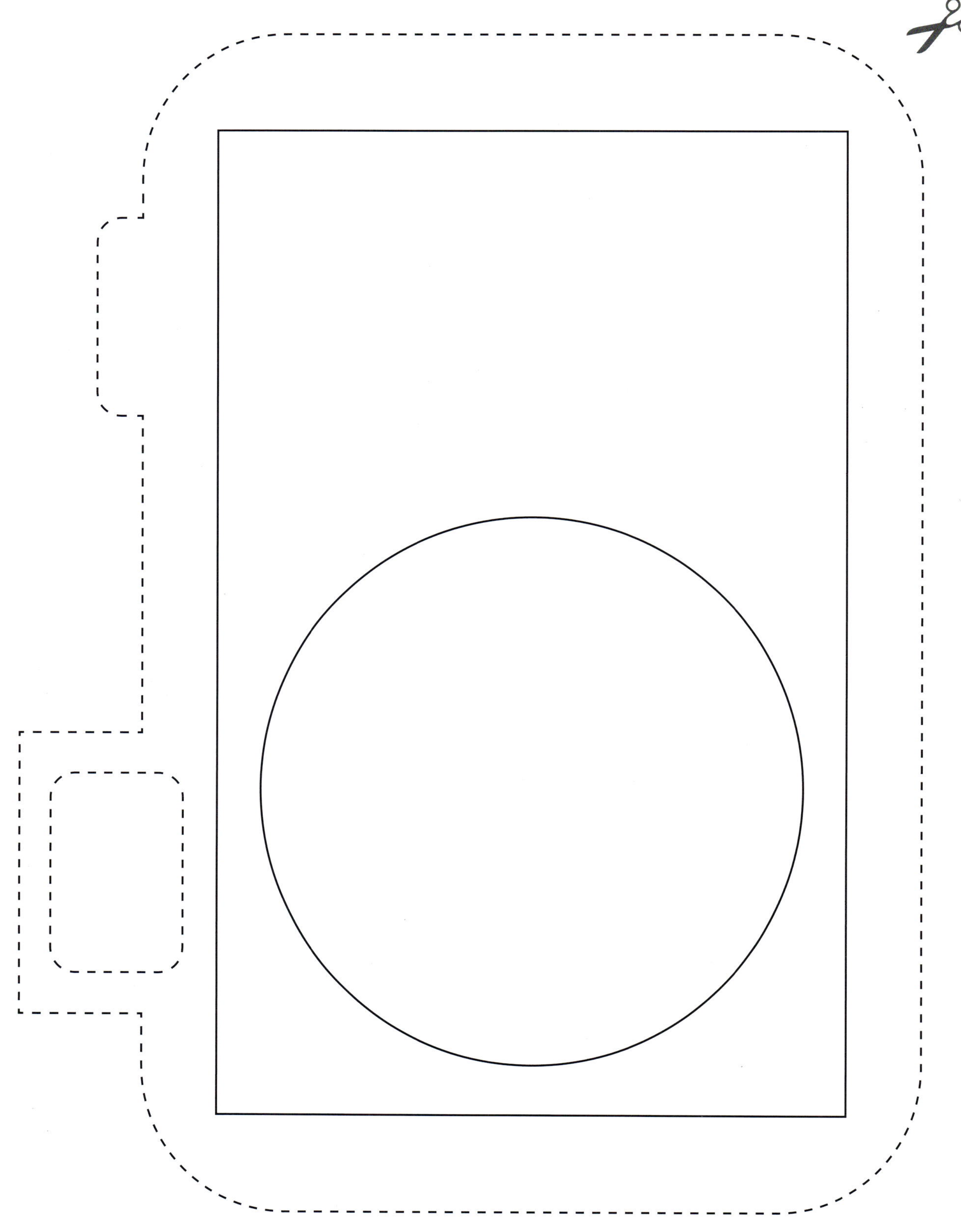

Kameravorlage: Autorin

FARBKLECKSKARTE

DANKSAGUNG

Mein größter Dank gilt den Kleinsten, die in meiner Zeit als Berufspraktikantin für mich einfach die Größten waren ...

Lieber Maxim, liebe Carlotta, liebe Linda, liebe Anni,
*ich bin von Herzen dankbar für unsere gemeinsame Zeit, in der wir zusammen so vieles erlebt, entdeckt und erkundet haben. Jede*r von uns fünfen hinterließ seine ganz persönlichen, wunderbaren Spuren – mit viel Farbe, Schaum und Kleistermatsch auf den großen Papierbahnen in der Werkstatt, aber auch innerhalb unserer Projektgruppe. Ihr seid mit solch mutigen, bunten Schritten durch die Projektzeit gehüpft, dass ich euch mit größter Freude gefolgt bin und so vieles auf dem Weg gelernt und mitgenommen habe.*
Nicht ich habe dieses Buch hier gefüllt, das wart ihr! Und darauf könnt ihr mächtig stolz sein!
*Ich bin auf jeden Fall sehr stolz auf euch und wünsche euch von ganzem Herzen Wegbegleiter*innen, deren Spuren ihr gerne folgt, die euren Spuren folgen und mit denen ihr gemeinsam die buntesten Wege entdecken könnt!*
Eure Dahli

Ein großes Dankeschön auch an alle Mamas und Papas, die unseren Spuren mit so großem Interesse gefolgt sind und einen ganz wunderbaren Austausch möglich machten. Danke auch für Ihr Einverständnis zu diesem Projekt, das sie gerade in den Händen halten – die Veröffentlichung unserer Erfahrungen in der Spurenforscherzeit.

Danke der Kita mit all ihren Mitwirkenden für die Offenheit, das Projekt in diesem Rahmen stattfinden zu lassen.

Ein Herzensdanke an alle Senior*innen, ihre Angehörigen und der Pfarrerin des Hauses für ihre Unterstützung. Sie und unsere gemeinsamen Vormittage werde ich nicht vergessen. Es war ein ganz zauberhaftes Erlebnis, die Kinder und Sie in so herzlichem Zusammenspiel zu sehen. Ich danke Ihnen für Ihre Offenheit und Herzenswärme, mit der Sie den Kindern und mir begegneten. Sie haben auf ganz beeindruckende Art Spuren hinterlassen!

Danke der Fachschule für Sozialwesen Speyer für eine großartige Zeit, die mindestens so bunt war wie die Werke der Projekt-Kinder. Die Spuren dieser Zeit sind Teil des Projekts und werden immer Teil meiner Arbeit bleiben. Ganz besonderen Dank an Marike Daut für ihre unermüdliche Hartnäckigkeit bezüglich der Veröffentlichung dieser Arbeit. Die Zeit in Speyer hat ganz wertvolle Spuren hinterlassen! Danke von Herzen!

Danke an Luisa Reis und das Weingut Dr. Bürklin-Wolf für die tollen Fotoaufnahmen beim Autorinnenshooting.

Stort TACK till Elsa och Henry! Den fantastiska tiden med er var början på allt det här! Ni är absolut och helt underbara!